강원도 **메나리**의 아름다움

강원도
메나리의 아름다움

1판 1쇄 인쇄 | 2015년 1월 30일
1판 1쇄 발행 | 2015년 2월 10일

지은이 | 김원호
고 문 | 김학민
펴낸이 | 양기원
펴낸곳 | 학민사

등록번호 | 제10-142호
등록일자 | 1978년 3월 22일

주소 | 서울시 마포구 독막로 10 성지빌딩 715호(121-897)
전화 | 02-3143-3326~7
팩스 | 02-3143-3328

홈페이지 | http://www.hakminsa.co.kr
이메일 | hakminsa@hakminsa.co.kr

ISBN 978-89-7193-226-1 (13380), Printed in Korea

• 잘못 만들어진 책은 구입하신 서점에서 바꿔드립니다.
• 저자와 출판사의 허락없이 내용의 일부를 인용하거나 발췌하는 것을 금합니다.
• 책값은 표지 뒷면에 있습니다.

이 도서의 국립중앙도서관 출판시도서목록(CIP)은 e-CIP홈페이지(http://www.no.go.kr/ecip)와
국가자료공동목록시스템(http://nl.go.kr/kolisnet)에서 이용하실 수 있습니다.
(CIP제어번호 : CIP2015002579)

이 책은 강원도문화재단의 지원으로 제작되었습니다.

강원도
메나리의 아름다움

아트코어 굿마을 – 김원호

학민사
Hakmin Publishers

메나리는 독특한 문화예술 사투리이다. 삶의 아름다운 사투리이다. 함경도, 강원도, 경상도권역의 민요적 특성을 일컫는 개념으로 주로 쓰인다. 이른바 동부민요권의 토리라고 칭해진다. 이 토리에 속하는 많은 민요가 있지만, 강원도에서 이 토리의 미학적 깊이가 출중한 민요가 정선아리랑이다. 정선아리랑은 언제, 어디서, 한 번만 들어도 늘 깊은 페이소스를 준다. 노래의 형식은 간단하고 무심한데, 그렇게 바람결한 자락 같은 무심함이 존재의 근원을 건드려내는 그런 이면을 만들어낸다. 페이소스란 세상에 대한 단순 연민이 아니라 세상 존재의 근원적 성찰을 뜻하고 또 그리로 가는 열린 문이기 때문이다. 삶의 시간을, 신산고초의 고단한 삶을, 먼 데서 오는 한 숨 한 자락으로 전이시켜 우리를 근원에 대한 상념으로 접어들게 한다. 익숙하지만 느닷없이, 간헐적으로 오는 그 한 숨은 근본적으로 크고 밝은 그 무엇(etwas)이자 현실의 서정이다.

정선아리랑, 또는 정선아라리에는 세상사 많은 영역에서 올라오는 삶의 고단함이 진정스럽게 담겨있는데, 삶 모습 자체의 한탄이나 기쁨을 드러내는 것을 넘어서는 어떤 평안함을 만들어준다. 우리 마음을 타이트하지도 않게, 느슨하지 않게도 해준다. 현실의 시간에서 놓여나게 해준다. 어떤 상념, 명상 같은 상태로 만들어준다. 우리가 늘 그리워하는 존재 근원으로 가는 사유의 접점을 만들어주는 것이다. 삶에 대한

한(恨)은, 삶의 구체적 질곡에 대한 안타까운 맺힘으로 드러나지만 사실 우리 존재근원에 대한 삶이 현실에서 모자라기 때문에 생겨난, 그리움이 쌓이고 쌓인 것이다. 삶의 구체적 현실에서 우리는 강한 에고덩어리로 뭉쳐서 습관화된 삶을 살아가야 하기 때문이다. 그래서 우리는 근원에 대한 그리움을 가질 수밖에 없고, 그 그리움을 노래 한 자락으로 전이, 승화시켜낸 것 중 하나가, 그러한 깊은 서정을 가진 것이 정선아라리이고, 메나리토리 소리이다.

이 글은, 메나리토리에 대한 그간의 민속학적, 선법분석 위주의 음악적 접근의 성과에 힘입어, 당대 예술로서 그것을 배태한 문화적 토양을 미학적으로 추적하려한다. 메나리토리의 소리는 소리만의 미학을 가지고 있지 않기 때문이다. 당대에 살아야 할 아름다운 울림의 소리이기 때문이다. 삶의 회노애락과 신산고초, 그리고 우여곡절을 알뜰히 헤아리고 승화시킨 힘, 근원에 대한 그리움이 있기 때문이다.

따라서 이 글은 전통 민요에 대한 단순 민속학적 접근이 아니라 우리 당대의 예술론적 가치, 미학적 가치, 철학적 가치에 대한 사유로 출발하려 한다. 즉, 우리 삶의 도처에, 다양한 당대 예술의 현장에, 나름 따뜻한 바람 한 결을 울리고 떨리게 하려 한다. '메나리 미학'의 출발점으로 삼으려 한다. 메나리를 놀게 한 '메나리 문화'를 추적해보고자 한다.

메나리는, 그 소리 하나의 스스로 떨림은, 우리를 울리고 흐르게 한다. 이 울림과 흐름은 우리 존재 근원의 결을 만나게 해주기 때문이다. 그러한 바람(hope)을 바람(wind) 한 자락으로, 늘, 무심하게 날라다 준다.

메나리는 우리 당대의 실제 위력한 현실이자 꿈을 잘 꾸게 하는 아름다움이다.

2015년 세밑에

아트코어 굿마을 김원호

바위 위에 팥배나무의 하얀 꽃잎들이 앉아 있습니다

바위 속이 훤히 들여다보입니다

팥배나무와

바위

사이

꽃잎들이 내려온

길들을

다

걸어보고 싶습니다

장석남 詩, 〔길〕

부 록 _ **정선아리랑, 가사와 내용**

메나리란 무엇인가

메나리란 무엇인가

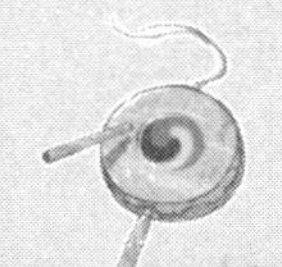 **01.** 메나리의 느낌

　여러 사람들에게 메나리에 대해 인터뷰를 시도해보았는데, 메나리를 나름대로 조리 있게 얘기해주는 사람은 거의 없었다. 심지어 일반 사람들에게는 메나리는 말조차 잘 알려져 있지 않았다. 그래서 음악이나 전통춤 등을 전공한 사람들에게 메나리에 대한 느낌 위주로 물어 보았는데 그제서야 얘기하는 사람이 더러 있었고, 일반 사람들에게는 정선아리랑에 대한 느낌 위주로 물어보니 나름 희미한 답이 돌아 왔다.

　예술을 전공하는 여러 사람들에게 물었다.

　　— 메나리를 모르고 사는 게 메나리인 것 같다. 정체는 불분명한데 싫지는 않은 것 같다.

　　— 메나리는 약간 투박하면서도 애환을 갖고 있다. 그런데 일단 남도제 보다는 음악적으로 심도가 아직 깊어지지 않았다. 남도제는 메나리보다는 약간의 안정된 음악적 기반을 갖고 있는데, 선율 구조나 꺾는 목, 누르는 목, 평목 등이 오랫동안 안정되게 구사되었기 때문이다. 그러나 메나리는 음악적 체계화가 기본적인 것들은 되어있지만 아직은 상

대적으로 덜 체계있게 된 편이다. 남도제보다는 체계화되는 시간이 아직 적었다. 게다가 메나리조 음악이 많은 편도 아닌데다 북쪽과 단절이 되면서 전승의 힘이 떨어졌고, 변질된 음악도 생겨났다.

그런데 통소는 악기 자체가 메나리 소리를 갖고 있지는 않지만 메나리토리 연주에 장점이 될 수 있다. 일단 공명이 많이 울리고 특히 낮은 음이 메나리 느낌에 어울린다

── 전라도의 구음이나 살풀이는 안으로 침전시켜 삭인 다음 터진다면 메나리는 담담하게 혹 나오는 감정 툭 나오는 서정인 것 같다. '눈이 올라나 비가 올라나 억수장마 질라나~' 하는 노래를 들으면, 남편이 술 먹고 안 들어오면, 우리 할머니나 어머니들이 '아이고 이 인간아!' '아이고 이 놈아!' 하고 내뱉는 넋두리같이 일상의 언어처럼 툭툭 내뱉는 말투 같다. 둘러보면 둘러쳐진 산자락뿐인 곳에서 대놓고 욕할 수 없는 처지에서 할 수 있는 소극적인 반란, 다시 돌아올 것이 예정되어있고 멀리 가지도 못하는 일탈 같다. 무가 같은 어정소리에 가깝게 느껴진다. 메나리 소리는 경기민요의 시김새나 기교처럼 화려하지 않아서 잘 알려져 있는 않은 것 같다. 하지만 강원도 지역에 가서 듣는 메나리 소리는 정말 좋다.

── 메나리하면 이태백 아쟁 시나위가 떠오른다. 아쟁이 '나 할 말 있어~~'하고 자기 이야기를 하는 것 같다. 사람이 아는 언어와 기호로 노래하는 것이 아닌, 우리가 알지 못하지만 이미 우리가 모르는 사이에 우리에게 익숙한 것 같은 것이 메나리인 것 같다. 그러나 사람이 표현하는 한계와는 상관없이 우리가 알지 못하는 언어, 아니면 표현하는 감정 외에 아직 말로 표현되지 않은 이야기를 하는 듯하다. 사람이나 동물 이외의 모든 생명의 근원적인 감정을 언어체계를 넘어서 '툭툭' 꺼내 던지는 듯하다. 그럼에도 아주 자연스럽게 흘러간다.

── 일반적인 노동요의 느낌은 봄날에 아주머니들이 볕 좋은 곳에

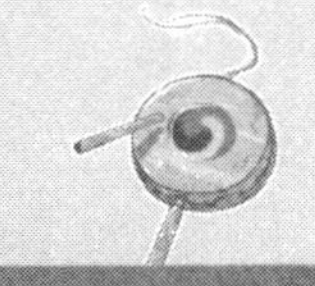

나와서 저마다 다른 말투와 높낮이로 '어째 이리 사는게 힘드냐 하면서' 수다스럽게 늘어놓는 말과 같은 느낌이거나, 지나가는 사람 붙잡아 놓고 '이봐요, 내 말좀 들어보세요' 하는 투의 느낌이다.

그런데 정선아리랑과 같은 선율은 옛날 할머니나 어머니들이 누가 듣던지 말던지 상관하지 않고, 살아가야할 기나긴 시간을 채우기 위해서 부르는 것 같다. 아니면, 일에 대한 고단함을 잊기 위한 주술을 거는 건지……. 나를 뽐내기 위해서나 나를 드러내기 위해서가 아닌 누구도 상관하지 않는 나를 위한 수다라고나 할까? 선율에 얹어놓은 수다스럽지 않은 수다.

— 아주 풍성하지도 않고 아주 쓸쓸하지도 않고…….

예를 들어 가을철에 떨어지는 밤을 주우면서 밤의 수확보다는 이것이 다 떨어지고 나면 이젠 정말 쓸쓸해지겠구나! 하는 생각이 들면서도 풍성한 여름날의 밤나무의 화려함 보다는 밤을 주우면서 쓸쓸해지는 밤나무의 모습에 더 마음이 가는 것 같은…….

쓸쓸한 거는 어느 면에서는 사람이 그것에 젖어서 즐길 수도 있는 감정인데 더 이상 황량해지지 않기를 바라는 마음~~어느 정도는 남아 있으면 좋겠다라는 생각.

— 너무 쥐어짜지도 않고 깊게 슬픔을 표현하지도 않고, 그렇다고 부유하면서 날아다니지도 않는데 걸어가다가 뒤돌아보니 이유 없이 짠하다고 느낄 때 같다. 살다보니 누가 알려주지도 않았고, 일부러 알려고 하지도 않았는데 어느 순간에 옆에 와 있어 문득문득 느껴지는, '사는 것'에 대한 차고 뿌연 안개비같고, 그래서 뭔가 아리는 것 같은…….

어제처럼 가을이고 비올 때, 아직 춥지는 않고 다 지나가지는 않았는데 불쑥불쑥 뭔가 훅! 지나간 느낌

— 태백인가, 정선 갔다 올 때 산이 겹쳐 있는 것이 먼저 떠오른다. 산너울 같은 거?

첩첩 산중이라고 그러죠, 근데 너무 적막하게 첩첩도 아니고 가까이 서 겹쳐 있는 느낌.

　　—— 메나리하면 노래가 먼저 떠오른다. 김소희 선생의 상주 아리랑.

　　—— 시나위는 표현이 상당히 직접적이다. 그리고 대자적, 끊임없이 존재를 인정받으려고 하는 예술적 표현들 같다. 그러나 메나리는 그냥 있 는데 바람 불어서 낙엽하나가 내 몸을 쓱 훑어가는 느낌이다. 즉자적인, 예를 들어 춤을 출 때 공연을 하고 나면 '아고!~ 어떻게 그렇게 춤을 잘 춰~~' 하고 말로써 칭찬하는 분들이 계시고 그냥 옆에 오셔서 한번 얼 굴보고 팔 한번 쓱 쓰다듬어 주시는 분들이 계시다. 그 두 경우의 느낌 의 차이.

일반 사람들에게 정선아리랑(남창)을 들려주고 느낌을 물어보았다. 문장이 조금씩 줄어든다.

　　—— 주문 같은 느낌. 첫 이미지가 떠오른 건 스님들이 불경외우고 그 뒤에서 쪽진 여자가 열심히 절하면서 기도하는 이미지이다. 자기 자 신에게 뭔가 주문을 거는, 또는 바라는 것에 대해서 주문을 거는 듯한 느낌이 많이 나요.

노래에 대한 느낌보다는 여자에 대한 느낌이 많이 나는데, 그 여자 의 스승님이 남자였을거 같구요. 그 남자선생님이 이 여자를 굉장히 아 꼈는데 그게 노래에 묻어난다 해야 하나?

　　—— 노래에 표정이 둔한 느낌이 나요! 인생의 희노애락에서도 겉으 로는 '그래 그럴수 있지…… 그럴수 있지' 하면서 안으로는 엄청나게 깊 은 내공으로 받아들이는 느낌!

　　—— 노래하는 사람의 목소리를 떠나서 전체적으로 나이든 사람들의 성격이 강한 것 같다.

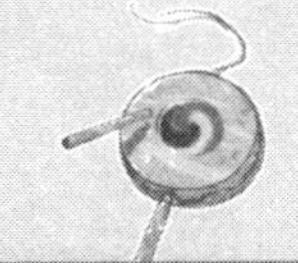

　　── 겉으로는 무디지만 안으로는 더 크게 좌절하고 더 크게 기뻐하고 …… 그런 것들을 표현하는게 담담한 거 같다.

　　── 어떤 생각을 자극하는 느낌이다. 옛날에 나에 대한 추억이었는데 '아쉬웠던, 그리웠던, 애잔한 기억들' 하지만 그 애달픔에 동요되지 않고 '툭, 툭' 무심히 치고 지나가는, 언젠가 있었을 듯한 아련함.

디지털 세대에게도 물어보았다. 15~18세 여섯 명이 같이 있을 때, 정선아리랑(남창)과 안향연의 쑥대머리를 들려주고 느낌을 물어보았다. 이 세대들 특유의 단답형 느낌이 돌아왔다.

　　── 여자부분이 좋았다. 뭔가 맑아요.

　　── 저는 할아버지가 더 좋았어요 목소리가 우선 귀엽고, 별로 재미는 없지만 그쪽 파트가 좋았어요

　　── 저도 둘 다 재미는 없는데 할아버지가 정이 갔어요, 목소리가 귀여워요.

　　── 저는 여자 쪽이. 뭔가 사연이 많은 듯.

　　── 할아버지 목소리가 멋져요.

　　── 둘 중 아무것도 의미가 없어요.

세상에나! 희망이다. 정선아리랑, 메나리가 좋다는 우리 후대(後代)가 과반수를 넘고 있다!

02. 메나리의 개념들

메나리라는 토리는 육자백이토리만큼 현실 시간으로는 명확하지 않

다. 실컷 울고불고 한 다음, 다시 자신을 들여다보게 하는 것이 아니라. 가슴 한쪽 설레임으로 뭔가가 꽉 차 들어온다. 일상을 벗어나는 뭔가의 서정이 분명이 있는 것 같은데, 있지만 있다고 하기도 하고 아니기도 하고, 근데 애잔하기도 하고 그냥 흐르기도 해서, 정말 친근하고, 마냥 뭔가를 그립게 한다. 페이소스인 것이다.

대부분 강원도의 메나리 토리 소리는 현실의 희노애락을 마음 한 켠에 한 번 저며 놓은 다음 심층무의식으로 조금씩 순치시켜 쌓아온 듯한 담담함이 있다. 들을수록 깊은 공력을 가진 페이소스가 느껴진다. 페이소스 자체가 사람의 존재의식을 건드리는 힘이 있는데 메나리 토리 소리는 거기서 한발 더 나아가 현실의 시간 속에서 무심해져버린다. 대단한 문화예술적 공력인 것이다. 그리고 그 무심함은 자연스럽게 흐른다. 자연(自然)이란 스스로 그러하기이다. 즉 모든 생명과 사물이 자신의 됨됨이를 억지 없이 드러내는 것, 그리고 그렇게 관계를 맺는 것을 자연스럽다고 하는 것이다. 메나리는 현실과 이면, 둘 차원에서 자연스럽다.

메나리에 대한 연구는 이보형으로부터 본격적으로 시작되었다[1].

…… 메나리조라는 것은 경상도·강원도지방 무가 및 민요의 선율에 나타난 선법 및 선율형이라고 말하고 싶다. 이 지방에서는 호적 가락 및 풀피리(호돌기)가락에도 메나리조가 쓰인다.

윤명원은 선학들인 이보형, 한만영, 김영운, 김희조의 연구를 빌어

---

1)   이보형, "메나리조(山有花제)", 『한국음악연구』 제2집 pp.111-131 (한국국악학회, 1972년). 이 논문은 국회전자도서관(http://dl.nanet.go.kr/)에 들어가 '이보형, 메나리조'로 검색하면, PDF파일로 열람할 수 있고, 인쇄도 가능하다.

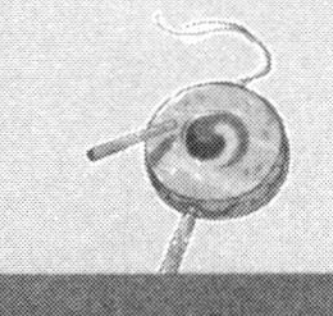

동부민요와 메나리에 대해 다음과 같이 기술한다.[2]

우리나라의 5대 민요권 중에서 동부민요권을 일명 메나리 토리라 부르기도 하고 태백산맥 이동 지방 민요권이라 부르기도 하는데 보통 메나리, 메나리조, 메나리 토리, 메나리목이라고 한다. 매우 구슬프고 처량한 처량한 느낌의 민요로서, 경상도의 〈일사영〉, 충청도의 〈산유화〉, 전라도의 〈산야〉, 강원도 강릉의 〈오독떼기〉와 비슷한 데가 있다. 대개 두 악구로 되어있고, 선율의 구성은 '미·솔·라·도·레'로 되어있고, '미'나 '솔'로 마친다. '미·라·도'의 3음이 주요음이다. '미'는 떨고, '레'는 '도'로 흘러내리는 경우가 많이 있다.

이 선법은 상행시에는 4음 음계, 하행시에는 5음 음계로 된 무반음 음계로, '라'로 마치는 점에서 계면조라 볼 수 있다. 라—솔—미의 하행선율이 이 토리의 특징이면 상행시의 구조가 육자백이 토리와 같다. 우리 음악의 지역적 특징은 하행선율에서 드러난다고 할 수 있다.

이러한 메나리 음악의 특징은 사실상 보다 넓은 지역에 분포되어 있는데, 강원 영서지방은 물론 경기도 지방에서도 발견되며, 불교음악이나 서당의 글 읽는 소리, 제례의식의 축문 읽는 소리 등에서도 발견된다. 한국불교음악에서 범패(안채비소리 짓소리 홋소리), 화청, 염불 가운데 메나리 토리가 많은 것은 범패가 향토화되면서 메나리 토리 음악어법으로 되었고 이것이 특이한 불교음악으로 발전한 것으로 메나리 토리 음악문화로 가장 두드러진 모습을 볼 수 있다.

메나리 토리권에서는 서사민요와 퉁소 풍악이 발전하였으나 이것이 판소리나 산조와 같은 고도의 예술음악에 이르지 못한 것도 메나리 토

---

2)   윤명원, "동부민요의 음악적 특징연구 ; 함경도 민요의 분석을 통한 메나리토리의 특징론 접근을 중심으로", 『한국음악연구』 제33집 pp.75-95 (한국국악학회, 2003년).
마찬가지로 국회전자도서관에 '윤명원, 메나리'로 검색하면 열람, 인쇄가 가능하다.

리권의 음악문화의 한 모습이라 하겠다.

메나리에 대해 『한국민족문화대백과』에서는 다음과 같이 말한다.

　강원도와 경상도, 그리고 충청도 일부 지방에 전승되는 민요.
　일명 「미나리」라고도 한다. 농부들이 김매며 부르는 노동요의 하나
이다. 풍각쟁이들도 불렀으며, 퉁소나 젓대 혹은 풀피리로 불 때는 「메
나리가락」이나 「니나리가락」으로 불리기도 한다.
　곡명의 유래는 분명하지 않으나 「산유화(山有花)」를 풀어서 '뫼놀이'
라 한 것이 메나리로 되었다는 설과, 옛 민요 '미나리꽃은 한철이라' 하는
데에서 나왔다는 설이 있다. 유절형식(有節形式)으로 된 노랫말은 지역에
따라 다르나, 본원지로 알려진 경상도지역 것의 일부는 다음과 같다.
　"어뒤후후야 시내심곡 가리갈 가마구야 잔솔밭을
　넘어 굵은 솔밭으로 넘어가는구나 허허후후야."
　대개 16자 가량의 두 악구(樂句)로 되어 있고, 뒷소리는 없다. 선율의
구성은 편의상 서양음악의 계이름에 의한다면 '미·솔·라·도·레'로
되어 있고, '미'나 '솔'로 마친다. '미·라·도'의 3음이 주요음이다.
'미'는 떨고, '레'는 '도'로 흘러내리는 경우가 많이 있다.
　이러한 음악적 특징을 지니고 있는 경상도와 강원도 지역의 민요는
보통 「메나리토리」·「메나리조」·「메나리목」으로 불린다. 매우 구슬프
고 처량한 느낌을 주는 민요로서, 경상도의 「얼사영」, 충청도의 「산유
화」, 전라도의 「산야」, 강원도 강릉의 「오독떼기」와 비슷한 데가 있다.

　메나리토리란, 한반도 동부지역에서 전승된 민요, 무가, 기악에서 가
장 많이 나타나는 음계이자 선율로, '메나리조'라고 부르기도 한다.
　메나리토리는 주요 구성음이 미, 솔, 라, 도', 레'이고, 미-라-도'의
4도+3도 관계가 선율진행의 중심이 된다. 그런데 이 토리는 선율이 상행

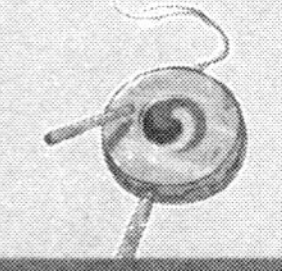

할 때와 하행할 때의 음조직과 시김새가 조금 차이가 있다. 즉, 대개 상행할 때는 '레'–'도'에 짧은 퇴성이 나타난다면, 하행할 때는 이들 음에 서서히 점진적으로 흘러내리는 퇴성이 나타나며 '솔'도 이때만 출현하다. 이는 같은 동남토리인 육자배기토리의 퇴성과도 그 특징이 흡사하다.

경상도 지방에서는 가장 기층음악인 토속민요와 무가 외 기악곡, 통속민요, 곡소리, 장사꾼이 외치는 소리에도 대부분 메나리토리가 나타난다. 메나리토리로 된 대표적인 토속민요는 경상도 모심는소리 「정자소리」와 논매는소리 「방아소리」, 통속민요는 「쾌지나칭칭」, 「옹헤야」, 「강원도아리랑」, 「정선아리랑」, 「한오백년」, 「신고산타령」 등이 있다. 이 토리는 토속민요에서 지역적으로 가장 넓은 분포권을 이루어, 그 음악적 기능 및 역사를 가늠케 한다.

『브리태니커』에서는 메나리를 이렇게 정의한다.

경상도, 강원도, 충청도 동부지방에서 전승되는 노동요.
김매기노래로 〈미나리〉라고도 한다. 곡명의 유래에 대해서는 옛 문헌에 나오는 노래 〈산유화 山有花〉를 풀어서 '뫼놀이'라고 한 것이 〈메나리〉가 되었다는 말이 있다. 노랫말은 지역에 따라서 다양하다. 대표적인 노랫말을 보면 경상북도의 〈메나리〉는 "사래 길고 오호호호 장찬 논에/어느님 마주심어줄 우후후후"로 시작된다. 선율은 서양음계의 '미·솔·라·도·레'로 되어 있고 '미·라·도' 3음이 주요음이다. 미는 작게 떨고 레는 도로 흘러내리며 부른다. 이러한 선율적 특징이 있는 강원도·경상도 민요를 메나리조 민요라고 부른다.

메나리조란, 판소리의 메나리목과 함경도, 경상도 서북부를 제외한 함경도·경상도 지방과 강원도 지방의 민요나 무가(巫歌)에 두루 쓰이는 가락형 및 선법적 특징. 메나리토리라고도 한다. '메나리'라는 말은

강원도·경상도에서 김매기할 때 부르는 노래 이름인데, 메나리조라는 명칭은 바로 이 노래의 이름에서 따온 말이다. 즉 메나리라는 노래와 같은 음악어법으로 된 민요를 메나리조 민요라고 부른다. 이 민요가 불리는 지역을 메나리토리권이라고 하며, 대표적인 노동요로 〈정자〉·〈메나리〉·〈산유화가〉·〈어산요〉·〈아라리〉·〈목도소리〉·〈노 젓는 소리〉 등을 들 수 있다. 이러한 메나리조 노래들은 구성음이 '미·솔·라·도·레'의 5음 음계로 되어 있고 주요음은 '미·라·도'이다. '미'에서 작게 떨고, '레'에서 '도'로 흘러내리며 '미'와 '라'로 끝난다. 메나리조가 사용되는 판소리 대목으로는 강산제 〈심청가〉 중 심봉사가 황성(皇城) 맹인잔치에 가며 부르는 길소리와 심청 어머니의 상여가 나가는 대목의 상여소리 등이며, 그밖의 민요 가운데 〈쾌지나칭칭나네〉·〈강원도아리랑〉·〈정선아리랑〉·〈한오백년〉 등이 있다.

삼척지방의 메나리도 유명하다. 정선아리랑 곡조의 아라리와 가락을 달리하는 메나리는 "정선에는 아리랑, 강릉에는 오독떼기, 삼척에는 메나리"라는 유행어처럼 전통 민요의 지역대표성이 강조된 삼척 특유의 농요이다[3]. 삼척시 근덕면 선흥마을을 비롯하여 삼척지방에는 메나리라는 농요가 불려지고 있다고 한다. 언제부터 구전되어 왔는지 정확한 연대는 알 수 없지만 이 지방 촌노들에 의하면 조선시대부터 불려졌다고 한다. 농사의 어려움을 잊고 풍년을 소망한 원풍년가(願豊戀歌)의 형식으로 논농사보다는 주로 밭농사를 지으며 부르던 노래였다.

삼척의 농요는 다른 지역에 비해 빈약한 편으로 〈매나리〉, 〈아라리〉,

---

3)   김영운은 「嶺東農謠 메나리와 오독떼기의 比較研究」(한국음악연구 제20집, 1992)을 통해 메나리와 오독떼기의 닮은 점과 다른 점데 대해서 얘기하고 있다.

〈소모는 소리〉 정도가 고작이다. 〈메나리〉의 기본적인 가창방식은 독창이다. 혼자 일하는 경우는 물론이고, 여럿이 함께 일하는 경우에도 한 사람에 의해 노래 한편이 완료된다. 이 노래의 청자는 일정하게 정해진 것이 아니라 누구라도 노래하면 창자가 되고 청자가 된다.

삼척의 〈메나리〉는 인접지역인 강릉·명주의 〈오독떼기〉와 다른 장르적 특성을 보인다. 〈오독떼기〉는 공동성, 고정성이 강한 반면 〈메나리〉는 개별성, 상황성이 강하다. 그런데 이러한 특성은 동일 기능을 수행하는 삼척과 강릉·명주의 다른 장르들에서도 그대로 나타난다. 그러므로 위의 상대적 속성은 〈메나리〉와 〈오독떼기〉의 두 장르적 차원을 넘어 지역적 차원의 특성으로 보인다. 〈메나리〉는 삼척의 대표적인 농요이지만 이 노래의 전승지역은 그렇게 넓지 못한 것으로 드러났다. 곧, 〈메나리〉는 삼척에서도 논농사가 비교적 많은 지역에서 불려왔으며, 그 중심지역은 근덕면인 것으로 생각된다. 그런데 근덕면에서도 〈메나리〉는 이미 전승이 거의 단절되어 유능한 창자들을 쉽게 만날 수 없는 상황이다.[4]

강원도 명주 장례소리에도 메나리를 잘 설명하고 있다. 유대군 소리는 씩씩하고 처량한 느낌, 덜구질 소리는 꿋꿋하고 씩씩한 느낌을 준다고 한다. 메나리는 겉보기에 평조 같고 심하면 애환이 있거나 처량한 소리라고 일컬어지지만, 사실 그 안에는 여러 가지 복합적 서정을 갖고 있고 언제 어떻게 부르냐에 따라 정서가 달라진다.

행군 소리(유대군 소리) : 학산리에서는 상여가 길로 나서면 '에호 소

---

4) 강등학, 『한국 민요의 현장과 장르론적 관심』(집문당, 1996년)
    참고로 장정룡은 〔속초도문메나리의 문화재적 가치와 의미〕(『강원도민속학회지』제23집, 2009년)에서 삼척뿐 아니라 양양, 강릉의 메나리에 대해서도 말해주고 있다.

리'를 부르는데, '어넘차 소리'를 부르기도 한다. 여기에 실린 것은 '에호 소리'로서 3분박 좀 느린 4박자(12/8박자)로 중중몰이 장단에 맞는다. 선소리꾼이 요령을 흔들며 두 장단의 앞소리를 메기면 상여꾼들이 두 장단의 뒷소리를 "에호 에호 어이 가리 에호"하고 받는다. 이 소리의 구성음은 '미', '솔', '라', '도', '레'로 되어 있고, 주요음은 '미', '라', '도'이고, '미'에서 떨고 '레'에서 '도'로 흘러내리는 시김새를 갖고, '미'나 '라'로 마치는 메나리토리로 되어 있다. 씩씩하고 처량한 느낌을 준다.

〈덜구질 소리〉는 3분박 보통 빠른 4박자(12/8박자)로 잦은 중중몰이 장단에 맞는다. 선소리꾼이 한장단의 앞소리를 메기면 달구꾼들은 "아헤 덜구"하고 같은 장단의 뒷소리를 받는다. 구성음은 '미', '솔', '라', '도', '레'이고, 주요음은 '미', '라', '도'이고, 종지음이 '미'나 '라'인 메나리토리이다. 그런데 선소리꾼이 〈옥설가〉로 메길 때에는 구성음이 '레', '미', '솔', '라', '도'이고, '라'에서 떨고, '레'로 마치는 수심가토리로 부르고, 그 소리를 받는 달구꾼들은 여느 때처럼 메나리토리로 받으니 메기는 소리와 받는 소리가 토리가 달라져서 아랫물 웃물이 따로 지기도 한다. 이 소리는 꿋꿋하고 씩씩한 느낌을 준다.[5]

한편, 오진호는 논매는 소리와 모심는 소리의 관련성 연구를 통해 메나리를 정의한다.

강원도의 모심는 소리로는 아라리, 자진아라리, 미나리, 하나소리가 있고, 논매는 소리로는 단호리, 상사데, 방아소리, 뎅이소리, 오독떼기, 미나리 등이 있다. 강원도의 자생적인 소리로 가장 알려진 것이 아라리

---

5)　　　브리태니커 사전

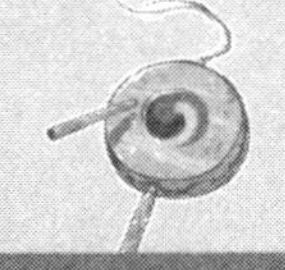

인데 이 아라리가 조선후기 서울지역으로 퍼지고 신민요의 영향을 받아 '구 아리랑'과 '본조 아리랑'이 되었고, 이런 문화적인 충격이 퍼져서 다시 여러 지역의 아리랑의 발생에 영향을 주었다는 것은 널리 알려진 사실이다.

아라리가 메나리, 민아리, 미나리와 같은 계통의 소리라는 것은 여러 논문에서 언급하였지만, 음악적으로 어떤 변화과정을 거쳐서 현재와 같은 노래가 되었는지는 여전히 분명하지 않다. 이중 메나리는 문헌자료에 많이 등장하지만, 이것이 현재의 메나리인지 분명하지 않고, 그 기원에 관해서도 의견이 분분하다. 어원에 관해서는 '나리' 또는 '아리'를 '놀이' 혹은 '소리'로 보는 견해에 대체적으로 동의하지만, 메나리의 '메'를 산의 고어(古語)인 '뫼'로 볼지, 아니면 '민아리'로 접두사 '민'으로 볼지 논란의 여지가 있다.

하지만 이들 민요는 같은 어원을 지니고 있고, 음악적으로도 유사성이 많다. 역사적으로 볼 때 논매는 소리가 훨씬 오래된 소리이므로 음악적인 다양성 역시 크고, 상대적으로 모심는 소리의 음악적 다양성은 논매는 소리보다 덜하다. 실제 음악도 아라리의 음악적인 다양성은 미나리의 음악적인 다양성에 포함되어 있다.

모심는 소리인 아라리, 자진아라리는 논매는 소리인 메나리, 미나리에서 파생한 것으로 보인다. 역사적인 관점에서 논매는 소리가 훨씬 오래된 소리이며 모심기는 조선후기 이앙법이 널리 전파되면서 다양한 논매는 소리 중 하나인 '아리' 계통의 소리를 변용하여 모심는 소리로 이용하였을 것이다.

모심는 소리는 노동의 통일성이 보다 요구되므로 논매는 소리를 균등한 박자구조로의 변화가 필요했고, 후렴구를 붙여 부르는 전통이 생

졌다. 이런 일련의 과정을 거쳐 긴아라리가 생겼고 이후에 빠른 노래인 자진아라리가 발생하였다. 그리고 이전의 '아리' 계통의 소리는 후렴구가 없으므로 민아리로 부르던 것이 미나리, 메나리로 부르게 되었다.[6]

메나리와 육자배기는 같은 면도 있고 다른 면도 있다. 이보형은 동남 토리권이라는 설정을 통해 메나리와 육자배기에 대해서 다음과 같이 말한다.

한국의 동부지역에 전승되는 민요 토리를 전통적으로 '메나리토리'라 이르고 남부지역에 전승되는 민요 토리를 '육자배기토리'라 이르는데 이 두 토리가 서로 유사한 특징을 지니고 있고 한국의 다른 지역에 전승되는 민요 토리와 다른 특징을 지니고 있어 필자는 이미 다른 논문에서 이들의 상위개념을 지시하기 위하여 '동남(東南)토리'라는 용어를 만들어 썼다. 그리고 이 논문에서는 동남토리권에서 메나리토리 토속민요의 전승지역은 매우 넓지만 육자배기토리 토속민요의 전승지역은 상대적으로 매우 좁은 것으로 봐서 동남토리는 메나리토리가 근원이 되고 육자배기토리는 메나리토리에서 파생된 국부 토리라고 보는 것이 옳다고 밝힌 바 있다.

본 논문에서는 이를 다시 재확인하기 위하여 메나리토리와 육자배기토리의 몇 가지 공통된 음악특성을 살폈다. 첫째, 메나리토리와 육자배기토리는 모두 그 구성음 가운데 모두 안정된 평(平)으로 내는 음을 중앙에 두고, 이 음에서 아래 제2음(下二)에 떠는목(搖聲)을 쓰고, 중심이 되는 음의 위 제2음(上二)에서 위 제1음(上一)으로 흘러내리거나(退聲) 꺾는목을 쓴다는 공통점이 있는 점, 둘째, 중앙에 있는 음과 아래 제2음(下

---

6)　　오진호, 「논매는 소리와 모심는 소리의 관련성 연구 : 강원도 지역의 미나리 계통 민요를 중심으로」(韓國民謠學』, 제36집, 2012년 12월)

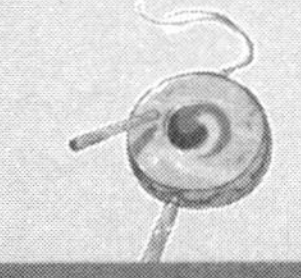

二), 위 제1음(上一)으로 3음이 주요음이 된다는 점, 셋째, 위 제2음(上二)에서 위 제1음(上一)으로 미분음으로 길게 흘러 내려 중앙음에 이르는 선율형, 중앙음의 아래 제2음(下二)에서 중앙음으로 도약진행하고 중앙음에서 위 제1음(上一)으로 순차진행하거나 그 역으로 하는 선율형이 주가 된다는 점을 들어 두 토리가 유사하므로 이 상위개념으로 동남토리라는 용어를 설정한 근거를 제시하였다.[7]

그리고 메나리와 육자배기는 다음과 같이 비교해서 말해지기도 한다.[8]

육자배기조 : 전라도 민요의 특징이 전형적으로 나타나 있는 육자백이의 명칭을 딴 "육자배기토리(육자배기조)"는 전라도 민요의 선율적 특징을 가리키는 말이다. 즉, "토리"라는 용어는 각 민요권의 선율적 특징을 나타내는 말이다.

육자배기조로 불려지는 지역을 보면 전라도만을 경계삼지 않고, 인접지역 즉 경기남부, 충청서부, 경상도 서남부 등까지 확장된다. 육자배기조의 발성법은 경기의 서정성, 서도의 콧소리에 비해 극적이고 굵은 목을 눌러 내는 소리이다. 음계의 구성면에서도 계면조인 떠는 목(낮은음), 평으로 내는 목(중간음), 꺾는 목(높은음)을 가지고 있다. 장단은 판소리와 산조의 장단을 많이 사용한다. 그 중에서도 중모리(흥타령, 긴 농부가 등)와 중중모리(개구리타령, 자진농부가 등)가 많이 쓰이고, 드물게

---

7) 이보형, 「동남(東南)토리 음구조 유형 생성과 변이 : 메나리토리와 육자배기토리를 중심으로」, 『韓國音樂研究』. 제44집 (2008년)
    참고로, 메나리와 육자배기를 음악적 구조를 통해 심도 있게 비교한 연구는, 최헌의 「메나리와 육자백이 연구」이다. 한국음악연구 제27집 (1999. 12)
8) 반혜성, 『전통음악이론』, 도서출판 두남, 1999.
    장사훈, 『최신국악총론』, 세광음악출판사, 1995.

진양조(육자백이)와 자진모리(까투리타령)가 쓰이기도 한다.

메나리조 : 경상도·강원도·함경도·충청도 지방 등의 민요와 무가에 나타나는 특징적인 선율 형태. 경상도 지방에서는 민요나 무가의 선율은 물론이고 기악곡, 토속민요, 곡소리, 장사군이 외치는 소리에도 메나리조가 쓰인다. 민요가운데 쾌지나 칭칭, 옹헤야, 강원도아리랑, 정선아리랑, 한오백년, 신고산타령 등 널리 쓰인다. 메나리토리라고도 하고 경상도에서는 니나니가락이라고도 한다. 구성음은 미·솔·라·도·레이다.

심현경은 정선아라리의 음악 구조 분석으로 메나리를 얘기하고 있다.

본 연구에서는 정선아라리 중 뗏목아라리와 장터아라리의 사설 내용을 분석하였고, 음악적 구조에 대해 연구하였다. 연구 자료로 뗏목아라리는 '김석기, 신경우의 소리', 그리고 장터아라리는 '이현수의 소리'를 사용하였다.

연구 과정에서 선율진행형태, 구성음 및 사용음계, 종지유형 분석을 하였다. 연구 결과를 정리하면 다음과 같다.

가락의 진행과 관련하여 세 가지 소리 전체에 나타나는 메나리 토리에서 볼 수 있는 선율 형태를 찾을 수 있는데 〈La(라)−Sol(솔)−Mi(미)〉의 형태이다. 앞과 뒤의 가락들이 더 추가되는 형태들이 나타나지만 매우 전형적인 멜로디 라인 중 하나이다. 완전4도 하행종지형으로 진행되며, 이때의 출현 음은 5음 내지 6음으로 볼 수 있고, 주로 기본음에서 4도로 상행하는 진행이 많다. 주요 멜로디가 보이지만 계속 이 부분을 사용하는 대신 잔가락이나 가사에 의해 완전히 같은 부분을 반복하는 것을 삼가는 것을 볼 수 있다. 또한 종지 형태도 마찬가지로 〈La(라)−Sol(솔)−Mi(미)〉의 형태를 중심으로 Mi(미)음을 길게 뗀다든지 진행을

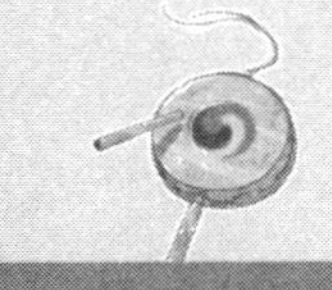

끝낸 후 〈Sol(솔)−La(라)−Sol(솔)〉의 진행으로 끝냄을 알 수 있다.

음역은 Mi(미)음에서 한 옥타브 위의 Mi(미)음으로 선율이 진행함에 있어 급격한 음정의 변화는 찾아볼 수 없고 2, 3, 4도 관계 안에서 이동하는 것을 볼 수 있다.

이상을 통해 정선아라리 중 뗏목아라리와 장터아라리는 메나리 토리가 갖는 특성을 고르게 함유하고 있다는 것을 확인할 수 있다.[9]

지리, 문화적으로 영서권역으로 분류되는 경기도 포천에도 메나리를 말하고 있다.[10]

경기도 포천 지역에서 논농사 과정 중 두 번째 김매기를 하면서 부르는 소리.

〈메나리〉는 '미나리' 또는 '미노리'라고도 하며, 경기 북부와 강원도 일대에서 부르는 농업노동요이다. 지역에 따라 '밭 매는 소리', '모심는 소리', '논매는 소리' 등으로 부른다. 〈메나리〉라는 명칭은 '산유화(山有花)'를 풀어서 '뫼몰이'라 한 것이 메나리로 되었다는 설과, 옛 민요 '미나리 꽃은 한철이라' 하는 데서 나왔다는 설이 있다.

포천 메나리는 4음보 1행으로 된 한 절의 사설을 메기는 소리 · 지르는 소리 · 받는 소리 · 내는 소리 · 맺는 소리의 다섯 부분으로 나누어, 짧은 노랫말을 헤아릴 수 없는 박자로 길게 부르는 것이 가장 큰 특징이다.

한 절의 사설이 구성되는 방식은 '되풀이 받기'와 '이어 받기'의 두

---

9)   심현경, 「정선 아라리 음악 구조 분석 : 뗏목 · 장터 아라리를 중심으로」(석사 논문, 2010년)

10)   이밖에 기호지방의 서도메나리도 있는데, 김인숙은 「서도메나리에 관한 음악적 고찰」에서 "서도 메나리 계통 소리가 그 음악 어법을 제외하면 여러 가지 특징이 한반도 동부에서 전승되는 메나리 계통의 소리와 같음에 착안하여 메나리라는 전체를 아우르는 '소리류(類)'와 그 하위에 속하는 동부와 서도의 '소리종(種)'으로 분류" 하고 있다.

가지이다. '되풀이 받기'는 "이 논배미 물세 좋소 이 논배미가 물세 좋아"와 같이 메기는 소리를 되풀이해서 받는 방법이며, '이어 받기'는 "일천 가지 벌여서는 삼천 석이나 솟는다네"와 같이 앞 절의 사설 뒷부분을 다음 절의 메기는 소리로 반복하고, 받는 소리·내는 소리·맺는 소리에서 내용을 이어가는 방법이다.

　포천 메나리의 이러한 특징에서 〈논매는 소리〉의 다양한 가창방식과 사설 구성 방식을 확인할 수 있으며, 집단적인 노동에서 생성되고 전승되는 민요의 형태가 각 지역마다 독창적으로 이루어졌음을 알 수 있다.[11]

무가(巫歌)에도 메나리가 있고, 불교의 범패(梵唄), 화청(和請), 염불(念佛)에도 메나리가 말해진다.[12]

　메나리토리권에서 무당이 부르는 무가(巫歌)에는 함경도에서 상애짓기 무가, 청배 무가, 전채질 무가, 도속잡기 무가, 드러치기 무가, 처수 무가, 화청(和淸)이 있고 강원도와 경상도 동북부에서 청보 무가, 제마수 무가, 고삼 무가, 자삼 무가, 수부 무가, 쪼시개 무가, 등 노래, 꽃 노래가 있고 경상도 동남부에서 청보 무가, 엇청보 무가, 제마수 무가, 삼공잽이 무가, 고삼 무가, 자삼 무가 등이 있는데 이들 무가의 선율은 한결같이 메나리토리로 되어 있다 할지라도 장단은 저마다 다르게 되어 있는데, 이들 장단 가운데 매우 빠른 3박과 2박이 섞인 절름거리는 박자가 상애짓기 무가, 도속잡기 무가, 드러치기 무가, 화청, 청보 무가, 제마수 무가, 자삼 무가, 엇청보 무가, 쪼시개 무가 등이 있어 절반이 넘는 무가

---

11)　　「한국민속문학사전(민요편)」, 국립민속박물관

12)　　이보형, 「메나리 토리와 무가·민요권의 음악문화」『한국문화인류학』15 (1983년).
　　　참고로 불교의 독경에도 메나리토리가 있다는 연구도 있다. 최재륜, 「반야심경 독경에 대한 음악학적 연구」. 한국음악연구 29집 2001년

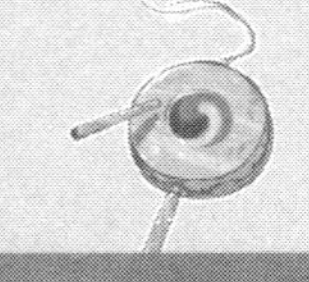

가 이와 같이 매우 빠른 혼합박자로 되어 있다. 무가의 장단이 이와 같이 절반이 넘게 빠른 혼합박자로 된 것은 메나리토리권의 무가 밖에 없다.

오늘날 가곡(歌曲), 상영산(上靈山), 세령산(細靈山)과 시용향악보(時用鄕樂譜)에 보이는 고악(古樂)들이 모두 혼합박자로 되어 있는데 만일 이들 혼합박자 음악의 뿌리가 한국 기층 음악에 있다면 박자로 봐서 메나리토리권의 무가가 비교될 수 있다.

오늘날 한국전통불교음악을 꼽자면 범패(梵唄), 화청(和請), 염불(念佛)을 들겠는데 이들 음악의 많은 부분이 메나리토리로 되어있다. 신라는 메나리권에서 나라를 일으키어 삼국을 통일하였다. 신라에서는 불교를 들여오고 불교음악인 범패를 들여 왔다. 그 뒤 신라에서는 새로 신라 향토음악조의 향풍(鄕風) 범패가 생기고 또 중국에서 중국화된 당풍(唐風) 범패를 들여옴으로 해서 신라에는 고풍(古風) 향풍(鄕風) 당풍(黨風) 이렇게 세 종류의 범패가 있었는데 오늘날 전승되고 있는 범패 특히 홋소리의 선율이 메나리토리로 되어있는 것은 신라 향토음악조(鄕土音樂調) 즉 메나리토리로 향토화된 향풍(鄕風) 범패의 특징을 갖는 것으로 짐작된다.

범패는 범어나 한문으로 되어 있다. 이에 비하면 우리 말로 된 불교음악에는 화청과 고사(告祀)염불과 뒷 염불이 있다. 경서토리권의 화청과 고사염불과 뒷 염불은 경서토리로 되어 있으나 메나리권의 화청과 고사염불과 뒷 염불은 메나리토리로 되었는데 이것을 치악산조(雉岳山調) 또는 팔공산조(八公山調)라 이른다. 이 가운데 〔반멕〕이와 어조는 메나리토리 염불의 대표적인 것이다. 이게 견주어 경서토리로 된 염불은 평조 또는 평염불이라 부른다.

서울의 화청이라면 흔히 엇모리 장단에 평조 즉 경서토리로 되어 있으나 함경도 함흥지방의 막목굿에서 화청의 경우와 같이 메나리토리권

의 화청은 엇머리 장단에 메나리토리로 되어 있다. 그런데 경상도북방에서 흔히 보이는 향토가사(鄕土歌辭)가 엇모리 장단에 메나리토리로 되어 있어 서로 같다. 이것은 화청과 가사는 같은 뿌리를 갖는다고 하겠는데 내가 보기에는 메나리토리권에서 엇모리 장단에 메나리토리를 얹은 형태로 향토가사가 발생하였고 불교에서 향토가사를 응용하여 불교가사를 만든 것이 메나리토리 화청이며 이것을 경서토리 즉 평조로 바꾸어 부른 것이 경서도 화청이라 할 수 있다.

03. 메나리

기존의 학술적 성과는 주로 민속학 차원의 조사와 음악적 차원의 연구가 종다수를 이루고 있다. 이런 성과에 덧붙여서 미학과 예술론적 접근이 보태진다면, 특히 당대 현장미학의 관점이 보태진다면, 메나리 토리는 우리 시대에도 그 아름다움이 충분히 노래와 춤으로, 음악으로, 문화로 재생(再生)될 수 있다. 셋째마당에 '메나리 문화'와 '메나리 미학'에서 말하겠지만 메나리는 자연성(自然性)과 실재성(實在性)이라는 철학적 가치를 갖고 있을뿐더러 그것이 사람들의 서정을 존재론 차원으로 파고드는 깊은 미학을 듬뿍 내포하고 있기 때문이다. 메나리는 우리에게 지금 여기 살아있는 생생한 고전(古傳)인 것이다.

전통예술을, 매 시대마다 그것을 계승하게 하는 고전으로 되게 하려면, 당대에도 살아 숨 쉬게끔 하려면, 미학과 예술론적 접근이 그래서 꼭 필요하다. 더욱 현장미학의 관점으로 재생(再生)되어야 당대 예술로 살아 숨 쉴 수 있다. 그래야 우리 시대에도 삶의 중요한 고갱이인 고전으로 남을 것이고, 지금 여기 사람들의 감수성과 서정을 파고들어 재미와 감

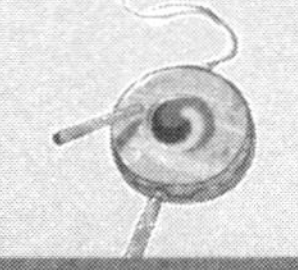

동과 깨달음을 주는 예술과 정신사의 밑천으로 그 삶을 살아갈 것이다.

고전은 오래되어 소중한 것이 아니라 오랫동안 사람들 사이에서, 그 관계에서 실제로 면면히 살아온 어떤 문화 — 예술 엑기스이다. 매 당대마다 그 시대정신과 문화적 서정과 만날 수 있는 능력이다. 당대 삶이 늘 지향하고 무수한 꿈을 꾸게 하는, 정신과 마음과, 문화와 예술을 근원에서 늘 긴장시키고 장려하는 어떤 힘이 높게 응축된 원천 에너지 덩어리이다.

고전은 늘 당대 삶의 가치 동의 수준을 확인시키고 버전업시키는 리얼타임 상상력을 즐거이 준다. 당대 삶의 그 몸과 마음의 흔쾌한 참여 수준을 깊게 높여주어 당대에서 살아있다는, 유한존재 비극성의 오랜 존재의식을 즐거이 넘어서게 해준다. 많은 사람들이 오랜 역사 동안 늘 승화하여 가고 싶어 하는 그 길에서 오랫동안 줄기차게 벼려온 '존재 길굿'이라는 텍스트인 것이다. 따라서 고전을 맞이하는 자세는 당연히 당대에 살아있게끔 하는 제반 사유와 그것의 생산 능력이다. 즉, 뭐 눈에는 뭐만 보이기 때문에 어떤 관점으로 보느냐에 따라 원전은 당대 삶에 살아있기도 하고 부분 차용되거나 왜곡되기도 한다.

메나리는 우리 시대에 어떻게 고전으로서 당대화 될 것인가? 우리 시대의 메나리 미학은 어떠해야 하며, 메나리 문화는 어떻게 형성해야할 것인가?

그에 앞서 메나리 미학의 정수, 정선아리랑를 살펴보도록 한다.

강원도 메나리의 중핵, 정선아리랑

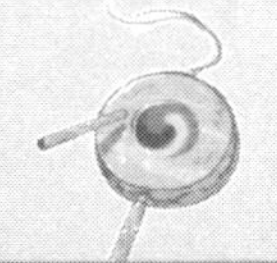

강원도 메나리의 중핵, 정선아리랑

01. 정선아리랑

김연갑은, 정선아리랑의 특징을 다음과 같이 말한다.[1]

1. 창곡 중심이 아니라 사설 중심이다. 창곡은 원초성을 유지, 변화가 거의 없고 사설은 시대마다 확대되어 뚜렷한 적층현상을 보인다. 창에 대한 부담이 적어 자신의 심사를 표출하려는 욕구를 충족시켜 주는 데에 한성맞춤이기 때문이다.
2. 단일 민요로는 물론, 전 구비문학 자료 중에 사설이 가장 방대하다.
3. 초(超)기능적이다. 기본적으로 내면을 다스리고 표출하려는 그래서 노래 자체를 즐기려는 '놀이적 성격'이 내재해 있음은 물론 지극히 생활적인 내용들이기 때문이다.
4. 음악적 형태나 사설의 구조상 원초성과 토착성이 유지되어 있다.
5. 한문투 사설이 유형화되어 있다. 이는 〈한시율창설〉과 〈알리오설〉의 한 배경으로 불 수 있고, 이로서 '정선'아라리로 특화된다.

---

[1]　김연갑, 『아리랑』, 현대문예사, 1986년
　김연갑의 아리랑 http://blog.naver.com/PostList.nhn?blogId=arirangyes

6. 구비문학적 현장성과 전승력이 어느 정도 유지되는, 거의 유일한 민속음악이다. 또한 음악 공동체가 아직 존속되어있어 정체성과 통합성이 유지되고 있다. 그래서 지역민들이 정선아라리로 일체감과 연대의식을 갖고 있다.

7. 전체적인 정조는 애잔함과 소박함을 특징으로 한다. 진도아리랑이 흥청거림과 신명성이, 밀양아리랑이 투박함과 남성적임이 특징인 것과 비교되는 점이다.

8. 토속민요로 전승지가 가장 넓다. 강원도 전역과 경상, 충청 일부 그리고 경기 한강수계가 그 전승지이다.

가창양식도 말하고 있다.

정선아리랑이 본질적으로 사설 중심이라는 것은 가창양식에서도 확인이 된다. 다시 말하면 비교적 느리게 부르는 '긴 소리', 빠르게 부르는 '잦은 소리', 그리고 '엮음소리'는 성음의 세련미나 예능의 유무에 의해 변조된 것이라고 보기보다는 사설 표출 능력과 그 효율성을 위해 확대된 것이라고 본다. 이는 1960년대에 강릉,삼척,정선 등지에서 녹음된 자료를 통해 볼 때 '레, 도, 라, 미, 솔'의 의 메나리토이 5음계와 3소박 6박자라는 구성상의 변화는 거의 없고, 사설의 확대 폭이 훨씬 크고, 사설의 적층현상으로 지역적 차이가 변별될 수 있다는 점에서도 확인이 된다.

이러한 특징과 가창양식을 갖는 정선아리랑은 어떤 미적 가치를 갖는 것일까?

시인 김선굉은, 정선아리랑을 그리움으로 여겨 노래한다.[2]

---

2)   김선굉, 「아리랑」, 『나는 오리 할아버지』(만인사, 2009)

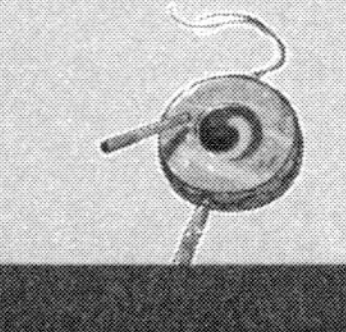

이건 너무 큰 그리움이다.

우리의 가슴엔 무시로 장고 소리가

설장고 소리가 둥두둥 울려오고 있는 게 아니냐.

참 많은 고개를 넘어 또 아득한 세상.

하늘은 너무 푸르러 슬펐고

때로는 낮은 땅으로 내려와 저만치

강물이 구비구비

흘러가고 있었다.

끝이 없겠구나 이렇게 자꾸 흐르다 보면

무궁하겠구나. 그렇겠구나.

흰 옷에 붉게 배이던 소리없는 아픔을 어루만지며

바람은 넘실 끝이 없고

끝이 없겠구나. 그렇겠구나

참 많은 그리움과 참 많은 안타까움과 참 많은 설레임과 참 많은 아
픔과 흰 몸과 붉은 마음이

아! 작은 가슴에 너무 많이

흐르고 있다.

걸어가자. 고개 마루나 강가에서

이 뜨거운 흙에 앉아 잠시 쉬기도 하며.

몸보다 먼저 마음이

어느날은 어쩌면 마음보다 먼저 몸이

푸르게 흐를 수도 있으리라.

온통 우리 몸이 귀가 되어 귀 기울이면 들려오리라.

이건 참 너무 큰 그리움이다

우리의 가슴엔 무시로 장고 소리가

설장고 소리가 둥두둥

울려오고 있는 게 아니냐.

김선굉은 연작시로도 정선아리랑을 노래한다. 그 중 한편(7편).

먼 산 허리에 유정한 구름
걸려있다
참나무 물푸레 굴참나무를 기르면서
고사리 이끼 참죽 취나물 기르면서
동천강물로 푸르게 흘러
가고 있다
마음이 깊이만 사무친다면
내 노래에 세상을 실을 수가 있으리라
아, 작은 가슴에 흐르는 강물
마음이 깊이만 사무친다면
정선이 산이 연년이
낮아지고 있음을 볼 수
있으리라.

시인 신경림은 정선아리랑을 이렇게 노래한다.[3]

조물주는 에누리가 없이 우리에게
산자수명 그 아름다운 산과
눈부시게 맑은 물을 주었지만 그 대신
모진 하늘바래기와
가파른 돌밭밖에 주지 않았다
그래서 이렇게 산자락과
개울가에 붙어살면서

---

3)　　　신경림, 「정선아리랑」, 『길』(실천문학사, 1990년)

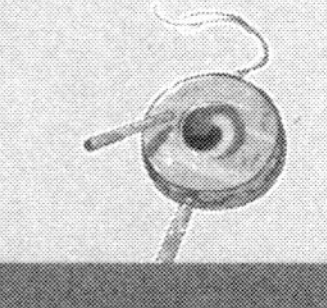

우리가 배운 것은 두려움이니
조물주의 뜻을 따르리라는 두려움이니
꼴이나 베고 밭이나 매면서
한과 가난을 노래로 푸는 우리를
겁쟁이라 이르지 말라
어리석다 말하지 말라

척박한 자연환경 속에서, '한과 가난을 노래로 푸는' 서정을 통해 자연 환경을 자연성으로 숙성시켜 내재화시키는 아리랑의 사람들을 노래하고 있다.

시인들은 특유의 서정으로 세상을 준거하여 보듬고, 그 힘으로 미래를 예감해준다. 그래서 시인들은 정선아리랑이라는 노래 한자락을 자신의 '정선아리랑'으로 부른다.

'사람들은 세상 하나씩 가지고 살면서', '참 많은 그리움과 참 많은 안타까움과 참 많은 설레임과 참 많은 아픔과 흰 몸과 붉은 마음이/아! 작은 가슴에 너무 많이/흐르고 있'어서, '마음이 깊이만 사무친다면/내 노래에 세상을 실을 수가' 있다고 한다. '한과 가난을 노래로 푸는', '조물주의 뜻을 따르리라는' 서정으로 승화시키고 있다.

무엇을 보았길래 시인들은 이런 감수성을 세상에 전달할까? 그들의 미학이 깊게 공유하고 싶은 어떤 삶의 깊이를 정선아리랑에서 보았을까?

그렇다면, 이러한 노래들을 탄생시킨 정선아리랑의 자연 문화적 토양은 어떤 것일까?

『택리지』의 저자 이중환은 "산과 산을 이어 빨래줄을 이을 만하다"

고 하고, "무릇 나흘 동안 길을 걸어도 하늘과 해를 볼 수 없었다"고 한 데서나 오늘날에도 정선사람들 스스로가 "해뜨자 해 넘어가는 두메산 골"이란 표현을 쓰고 있는 것을 볼 때 오지라는 인식은 예나제나 그대로 임을 알 수가 있다……. 이를 정선인들은 '무릉도원에서 산다'는 말로 스스로 보상 받으려 하고, 외지의 시인 고은 역시 "태백산맥은 우리들의 자손심의 근거지이다, 정선은 바로 그 자존심의 눈이다"라고 하여 차라리 기꺼워하기도 했다.

차라리 기꺼워하게끔 정선의, 강원도의 삶의 환경과 조건, 그리고 거기서 배태되고 자라난 자연성, 그리고 그것의 인문성이 분명히 있는 것이다. 정선아리랑 속에 쩔어 무르녹아있다.

무려 1,000수가 넘는 정선아리랑을 조사하여 가사집까지 펴낸 진용선은 정선아리랑에 대해 삶 철학에서 배태된 아주 중요한 미학적 근거를 제시해주는데, 정선아리랑의 노래가 왜 자연친화적인, 자연성을 가진 힘을 가지고 있는지 다음과 같이 얘기한다.[4]

정선아리랑이 많은 사람들에게 사랑받는 이유는 애절한 가사 속에 사랑과 정이 담겨 있기 때문이다. 그 속에 어질고 착한 심성이 배어 있고, 꼼수가 없다. 도무지 풍족해 보이지 않으면서도 부족한 게 없는 것처럼 보이는 여유가 배어있다. 산에 올라가 나물을 캐든, 밭에 나가 하루 종일 땀을 흘리든 자기가 처해 있는 자리에서 묵묵히 순응하며 살아온 사람들의 체취를 그대로 보여준다.

정선아리랑에는 사람에 대한 원망과 한도 없다. 설령 누구가를 잠시

---

4)   진용선, 『정선아리랑』(집문당, 2004년)

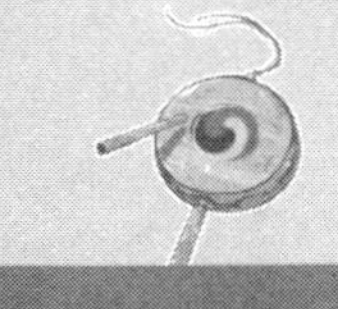

원망하더라도 해학과 골계로 풀고, 결국 빗겨나가 자연에 대한 이치와 그에 대한 깨달음으로 매듭짓고 있다. 천여 수가 넘는 정선아리랑 가사에 드러난 삶의 모습 하나하나를 새겨보아도 **모든 이치를 자연의 눈으로, 자연의 심성으로 바라보고자 했던 삶과 사랑**이 담겨있다. **구성지지만 긴장이 이완되지 않고** 애교나 화려함보다는 투박하면서도 자연스럽고, 은근하면서도 솔깃한 호소력을 보여주고 있다.

그러한 착한 심성을 바탕으로 자신의 솔직한 내면을 거리낌없이 토로했고, 고단한 삶의 문제가 노래에 얹히다 보면 어느새 신명으로 바뀌고 마음속의 온갖 응어리가 풀어지게 되었다.

시인 고은은 1986년에 정선에서 만난 아리랑을 정선 민중사의 원광(原鑛)이라고 얘기한다.[5]

정선아리랑의 청승맞고 서럽기 짝이 없는 철저한 무저항의 음조와 근원에는 바로 이 고장의 우렁찬 산세와 삶의 폐쇄성, 그리고 근세사 이래의 망명적인 생존으로 이룩한 깊은 적의와 원한이 깔려있는 것이다. 그래서 정선아리랑의 독특한 청승의 음색은 다른 고장의 음조로서는 낼 수 없는 것이다. 마치 계면조 창이나 육자배기가 전라도 사람의 고유한 노래인 것처럼.

그는 정선아리랑을 이렇게 노래한다.[6]

정선아리랑 아우라지 강물에

---

5)   고은, 「정선아리랑 고개를 넘는다」, 『한길 역사기행』(한길사, 1986년). 진용선의 『정선아리랑』(집문당, 2004년)에서 재인용.

6)   고은, 「정선아리랑」, 『조국의 별』(창작과 비평사, 1984)

거룻배 하나 떠 있다고
어찌 여기만 이 세상이냐
가는 데마다
가는 데마다
사람들은 세상 하나씩 가지고 살면서
다른 세상도 하나씩 가지고 있다가 버리는구나
정선아리랑 아리아리랑
내 극빈으로는 세상 하나하나 버릴 것도 없이
초라한 그림자 데리고 서울로 간다.

고은은, 소설로도 『정선아리랑』[7]을 말하였다. 주인공 사학자가 자신의 진정한 **근원을 찾아가는 행로**를 그렸는데, **그 자신을 깨치는 과정**이 정선아리랑 가락과 같은 삶이었다고 하는 내용이다.

전신재는 그러한 자연관을 다음과 같이 보탠다.[8]

정선아리랑에는 모든 이치를 자연의 눈으로, 자연의 심성으로 바라보고자 했던 삶이 있고, 그래서 구성지지만 긴장이 이완되지 않고 자연스럽고 은근하면서도 솔깃한 호소력이 있다. 나아가 정선아리랑에는 자신의 근원을 찾아가는 행로, 즉 자신을 깨치는 과정이 있다고 하는 것이다. 그것을 정선아리랑 가락과 같은 삶이었다고 하는 것이다.

게다가 정선아리랑은, 그 자연성에는 전통적인 미적 가치 기준인 골계와 숭고도 없다.

자연을 노래하는 아라리에는 골계가 없다. 아라리는 골계가 풍부한

---

7)   (버팀목, 1996년)

8)   전신재, 「아라리의 자연관」, 『강원도 민요와 삶의 현장』(집문당, 2005년)

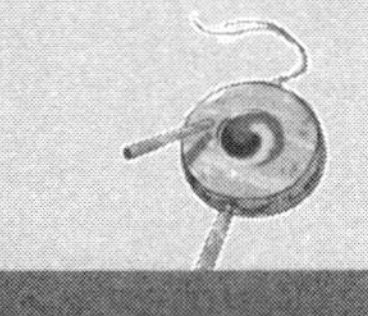

민요임에도 불구하고 자연을 노래하는 아라리에는 골계가 없다. 신(神)까지도 골계화시키는 한국인 기질도 자연만은 골계화시키지 않는다. 자연을 노래하는 아라리에는 또한 숭고도 없다. 아라리는 자연을 이념의 표상으로 보지 않기 때문이다. 아라리에서 자연은 친근한 벗이다.

예로부터 강원도의 특징을 호자연(好自然), 중산천(重山川), 선인심(善人心)이라고 일컫는다. 강원도 지역의 문화적, 인문적 특징은 자연성을 내화시키며 살아왔던 사람들의 철학적, 미학적 가치가 깊게 있다.

그렇게 된 하나의 힘은 세상과 화쟁(和爭)하며 순치한 과정을 겪은 것이다. 그들의 세상살이 환경은 둘러봐도 막힌 산이거나 주야장창 단순한 바다일 뿐이다. 답답하다고 저항하면 몸과 마음이 상할 수 밖에 없다. 자신의 감정뿐 아니라 의지까지 순치하지 않고는 배겨낼 수가 없는 것이다. 따라서 현실과 맞서 싸우면서도 현실을 자연스럽게 받아들일 수 밖에 없다. 사실, 세상살이에서 이것은 얼마나 힘든 일인가? 이렇듯 세상과 화쟁하면서 쌓은 힘은 세상에 대해 '속 깊어서 담담한' 관점과 가치관을 가질 수밖에 없다.

또 한가지 다른 힘은, 다른 지역보다 실제 자연과 가까이서 살아온 상생의 질서이다. 근대의 이념이 오랫동안 사람 이외의 자연들을 정복의 대상으로 여기면서 사람들은 전일적인 차원으로 스스로 자연성을 약화시켜왔다. 당연히 같은 자연의 일부로서 상생할 능력이 없어졌다. 다행히 이른바 사람 이외의 자연과 가까이서 더불어 살아온 사람들은 아직 강한 상생 의식이 남아있다. 강원도의 자연 환경은 그런 면에서 유리하다. 그래도 산이 삶터에서 무척 가까이 있고, 바람을 이리저리 잘 느낄 수가 있고, 때론 폭풍우도 몰아치지만 늘 되돌아보면 한결같은 바다를

늘 바라볼 수 있었던 것이다. 당연히 자연은 스스로의 모습대로 그러해서, 그런 됨됨이로 관계를 맺으려고 하기 때문에 기본적으로 상생의 의식을 준다. 스스로의 모습대로 살고 관계 맺는, 그러한 맑은 기운이 교호하는 데 유리한 환경을 강원도는 상대적으로 풍족히 갖고 있는 것이다.

따라서, 정선아리랑은 삶의 가치관, 근원으로부터 오는 소리의 질을 갖고 있고, 그 힘이 있기 때문에 예술적 설득력을 갖는다.

그러한 미학적, 예술적 설득력은 다음과 같은 언어철학적 분석을 낳기도 한다. 유동완은 정선아리랑을 통해 인간의식을 다양한 각도에서 살펴볼 수 있는 것이라고 했다.[9]

---

9)　유동완, 「정선아리랑 가사의 언어철학적 분석」, 『철학과문화』제15집
참고로, 유동안은 정선 아리랑의 형성 과정을 다음과 같이 말한다. 정선 아리랑은 약 600여 년에 걸쳐 형성된 것으로 가사가 약 1,500여 수에 이른다. 정선 아리랑은 단기간에 형성 되어진 것이 아니다. 정선 아리랑이 정선으로 거처를 옮긴 고려 유신들에 의해 조선 초부터 불려지기 시작했다는 설을 기준으로 할 때, 정선 아리랑은 약 600여 년 전부터 시작해서 현재까지 가사를 만들어 내는 생산 활동을 계속하고 있다. 조선 초부터 한일 합방까지 정선 아리랑은 한시와 토착요(土着謠)가 어우러진 형태로 불려졌다. 즉 주로 고려의 유신들이 비통한 심정을 율창(律唱)으로 부르던 한시를 정선 사람들이 토착요에 감정을 살려 불렀다. 당시 정선 지방의 선비들은 한시를 이해하지 못하는 그 지방의 사람들에게 그것들을 풀이하여 내용을 알려 주었다. 그 내용을 알게 된 사람들이 그 지방에서 구전되던 토착요에 감정을 살려 부른 것이, 오늘에 전하여지고 있는 정산 아리랑 가락인 것이다. 그 후 사화(士禍)로 낙향한 선비들과 불우한 처지에 있는 사람들 뿐 만 아니라 전란(戰亂)과 폭정(暴政)에 시달린 민초(民草)들까지도 애창하게 되었다고 한다. 그리고 "아리랑. 아리랑"하는 음율(후렴구)을 붙여 부르게 된 것은 조선조 후기(또는 경복궁 중수 시)라고 한다. 한일 합방 후부터 해방이 될 때까지는 남녀 간의 애정과 정한(情恨)을 소재로 한 새로운 가사가 많이 불리어 졌다. 일제 강점기를 거치는 동안에 정치적 이데올로기를 담은 노래를 부르는 것은 현실적으로 어려웠기 때문에 나타난 현상으로 볼 수 있을 것 같다. 또 정선 아리랑에는 우리나라의 현대사를 알 수 있는 가사들이 많이 나타나 있다. 해방 이후 남북이 분단되고 한국전쟁을 거친 후에는 반공(反共)의 분위기를 드러내기도 했다. 더 나아가 시간이 흐르면서는 한민족의 통일에 대한 간절한 염원을 담아 부르기도 했다. 정선아리랑 가사에는 정선 아리랑이 시간을 타고 흘러가던 시대의 시대상이 그대로

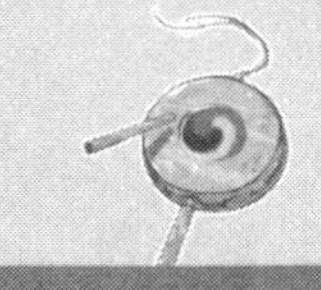

…… 민요는 구비전승 되면서 인간의 생업, 세시풍속, 놀이 등을 통하여 인간의 생활에 깊숙이 침투되어 진다고 볼 수 있다. 그러므로 민요는 인간생활과 불가분의 관계에 있는 것이다. 그러한 민요의 속성을 안고 약 600여 년 전부터 시작해서 현대에 이르기까지 생산활동을 지속하고 있는 정선 아리랑의 가사는 그 자체가 인간사의 기록이라고 하지 않을 수 없다. 더구나 약 1,500여 수에 이르는 방대한 정선 아리랑의 가사 수는 시대에 따른 인간의식의 변화를 다양한 각도에서 보여주고 있다. 정선 아리랑에는 고려의 유신들이 부른 충절과 가족에 대한 그리움에서부터 시작해서 산수(山水), 애정, 처세, 삶의 무상 등에 관한 다양한 내용을 담고 있다. 그러므로 정선 아리랑의 가사를 훑어보는 것은 인간의식을 다양한 각도에서 살펴 볼 수 있는 것이라 할 수 있다. 언어학자들은 '언어는 그 사용자인 인간의 삶의 조건과 밀접한 관련을 가진다'라는 주장을 하였다고 이미 밝힌바 있다. 이 말이 의미하듯이 언어는 특정 언어가 사용되어지는 지역의 자연환경이나 문화적 배경을 도외시하고 그 특정 언어의 사용을 분석할 수는 없을 것이다. 이 때 우리가 특정 언어의 사용을 분석하기 위한 방법으로 그 특정 언어가 사용된 민요를 분석의 대상으로 삼는 것은 지극히 자연스럽다고 감히 말할 수 있을 것 같다.

그러한 인간 의식을 다양한 각도로 살펴보게 하는 분류를 이동철은 다음과 같이 하고 있다.

경관, 곤고, 관능, 권면, 무상, 불륜, 범사, 비애, 수분, 시사, 시절, 실의, 오기, 원망, 유락, 윤상, 자정, 자족, 정련, 정회, 천후, 회한[10]

나타나 있는 것이다. 정선 아리랑은 정선 아리랑이라는 물줄기에 올라탄 사람들의 감정을 그 물줄기의 바닥에 아로새겨놓고 달려 온 것이다.

10)   이동철, 「강원 민요의 몇 국면」, 『강원 민요의 세계』(국학자료원, 2001년)

물론, 정선아리랑은 강원 민요 전반의 특징도 고스란히 갖고 있다.

강원도 산간지역의 민요는 개인적 서정성이 강하고, 사설이 대체로 짧은 편이다. 자연과 동물에 대한 친화력이 풍부하게 나타난다. 그리고 한 종류의 민요를 삶의 형편에 따라 다양한 기능으로 활용한다. 곧 한 종류의 민요가 일터에서 노동요로, 의례의 현장에서 의식요로, 놀이판에서 유희요로도 사용되는 것이다. 강원도 민요의 기본 선율인 메나리토리가 단순하고 소박한 미감을 그대로 유지하고 있는 것이다. 토리의 폐쇄성, 박자구조의 개방성, 사설구조의 서정시학, 향유층의 활인(活人性), 기능의 상생성 등이 남아있다. 곧 외부의 영향을 비교적 덜 받고 있으며 그 선율이 기교적이지 않다. 강원도는 대부분이 산간 지역을 이루고 있다. 산간 지역의 주민들은 평야지대의 주민들처럼 집단을 이루어 살지 않고 산간지역 여기저기에 흩어져서 살고 있기에 그들이 부르는 민요는 집단적인 함성이나 집단적인 신명을 돋우어 낼 수 없고 혼자 떨어져 있는 상황에서 개인적인 서정을 노래하고 개인적인 호소를 표출하는 경우가 많다. 이러한 이유에서 강원도 민요는 부르는 소리꾼이 개인적 문제를 노래하기도 하고, 이미 알려진 것도 자신의 표현항목으로 전화하여 노래한다. 곧 변화성과 적응성을 많이 보이고 있다. 강원도 삼간 지역 민요의 특징은 개인적인 서정성과 원초성에서 찾아야 한다.[11]

정선아리랑을 접하는 사람들은 슬프게도 느끼고, 흥겹게도 느낀다고 한다. 물론 창자도 마찬가지이다. 한 가지 노래에 대해 여러 가지로 느낀다는 것이다. 말문이 열리는 소리라고도 한다. 생활 속에서 저절로 귀익어 부르는 것이었기 때문이다.

---

11) 이창식, 「강원도 민요 자원의 활용방안」, 『강원도의 민요와 삶의 현장』 (집문당, 2005년)

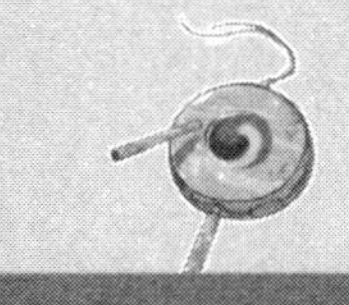

　　정선아리랑은 서양음악과는 달리 가사나 곡조가 일정하지 않고 그때그때에 따라서 변하는 가변성이 많은 음악이다. 이러한 점은 정선아리랑이 삶의 질곡을 모두 담을 수 있는 민요로 자리잡는 데 크게 기여해왔다. 다른 지역의 아리랑에 비해 노랫말도 그만큼 다양하다는 것이 이를 증명해준다. 따라서 정선아리랑은 옛날처럼 귀익어 부르던 때의 발성법으로 노래하고 마을사람들과 어우러질 때 흥겨워 부르던 식으로 가사를 만들어내고 가락을 바꿔가며 부르면 그만이었다.[12]

　　정선아리랑은 혼자 있을 때 많이 부른다고 한다. 여럿이 부를 때도 같이 부르는 것보다는 한 사람이 부르고 또 그 다음 사람이 이어받아 부르고 그것이 되풀이 된다. 그래서 물론 장단 없이 그냥 부르는 것이 본래 모습이라고 한다. ‘아리랑~’ 도 덧붙임(addition) 소리이다. 후렴(refrain)으로 작용하지 않는다. 다른 지역의 아리랑처럼 창자가 한 가락을 매기면 집단이 합창으로 받고 또 창자가 한 가락을 매기는, 그런 매기고 받는 형식이 아니다. 대부분의 정선아리랑은 노래 처음에 ‘아리랑~’ 덧붙임 소리가 나오기도 하지만 대부분 불문곡직하고 노래 사설부터 먼저 시작한다. 그리고 사설 중심으로 계속 불리워진다. 한 사람이 여러 사설을 하기도 하고 여러 사람이 사설을 교대하기도 한다. 그러다가 딱히 연결이 안되거나 노래를 끝낼 때 ‘아리랑~’ 덧붙임을 한다.

　　그래서 정선아리랑은 찍어서 붙이는 소리가 많다. 말하면 아라리가 되는 것이다.

　　강원도 정선에서 4대째 살아오는 송오리 자택에서 김연수님이 우리

---

12)　　진용선, 같은 책

를 맞는 첫 인사는 "말하면 아라리지, 뭐 별소리가 있나요"였다. 이 말은 예능보유자 김병하가 평소에 "그냥 찍어다 붙이면 되는 소리"하고 한 말이나…… 상통하는 것이다. 소리하는 것이 그저 일상적인 삶의 일부분임을 말한 것으로 정선아리랑의 속성을 단적으로 표현한 말이 아닐 수 없다. 그렇다. 정선아리랑은 그저 말하듯 부른다…….

한편 정선아리랑의 사설이 어떤 민요보다도 많다는 것도 쉽게 생활 가까이의 말들을 찍어다 붙이면 되는 속성에서 그리 멀지 않은데서 설명될 수 있다. 즉 강한 암기성과 즉흥성을 촉발할 수 있는 잠재력을 갖고 있다고 보는데, 그 요인의 하나는 양식의 단순성, 다시 말하면 사설이 두 줄(4음보 2행 1련) 장절(章節)형식이라는 점에 있다. 정선아리랑이 모든 대상을 수용하는 '열린 소리'로 시공의 제한 없이 뻗어가고 올 수 있게 한 것도 여기에 기인 한 것임은 두말 할 나위가 없다. 때문에 가장 민중적이고 생활적인 소리인 정선아리랑이 수심(愁心)과 산수(山水)편으로 분류될 만큼 유형화되었다거나 다른 어떤 서정민요에서는 볼 수 없을 만큼 한문투 사설이 하나의 유형으로 존재한다든가, 고려말의 역성혁명 같은 역사적 사실과 그에 의해 출현한 〈두문동 72현〉의 충절혼이 사설화 되어있는 연유도 이에 설명될 수 있을 것이다.[13]

정선아리랑은 말하듯이 부른다. 말하듯이는 자연스럽게라는 뜻이다. 자기 천성으로 부르라는 것이다. 꾸미지 말고, 노래는 이렇게 불러야 한다는 관습적 전제 없이, 게다가 노래 기술로만 기교를 부려서 부르지 말라는 것이다. 더욱 자신의 이야기, 자신의 솔직하고 진정스러운 이야기를 하라는 것이다. 세상과 사귀고 있는 나의 지금 이야기, 희노애락의 현

---

13)   김연갑, 위의 책

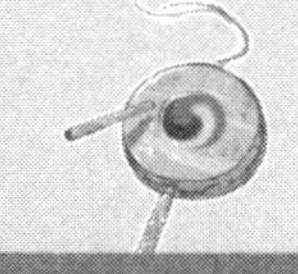

실 시간을 견뎌내고 그것을 사유하고 묵히고 그러다가 자신도 모르게 먼데 한 숨 한자락으로 훅 나오는 그것으로 말하고 노래하라는 것이다. 정선아리랑은 그렇게 불리워야 제대로 맞고, 그래서 아름답다. 메나리 천성대로 유장해지고, 자신도 진중해지는 노래틀이 정선아리랑인 것이다.

대중음악 기획자인 박진영조차도 대중가수들을 심사할 때 늘 하는 얘기가, 말하듯이 부르라는 것이다. 집요하게 요구한다. 대중음악의 기존 설득구조의 핵심인 노래 기술과 그것을 통한 일방적 전달이 아닌, 그런 표피적인 재미가 아닌, 내 삶과 무관한, 그래서 위로만 받는 노래의 수용을 거부하라고 한다. 노래만의 전달자가 아닌, 자신 삶의 됨됨이, 각 개성의 됨됨이로 노래하라는 것이다. 자신의 절절함과 천성이 결합되고 나서 말하고 싶은 것을 말하라는 것이다. 그것부터 출발해야 노래는 재미가 아니라, 전달이 아니라, 감동이 되고 소통이 된다라는 것이다. 그런데 사람들은 이 대중음악 기획자의 말을 심히 공감한다. 왜냐면 그렇게 말하듯이 부르는 대중음악 입문자들에게 환호를 보내주기 때문이다. 기술과 표현법과 상투성으로 부르는 '영혼 없는 노래'에 오랫동안 식상해왔기 때문이다. 대중들의 감수성의 진화는 이제는 노래 하나도 삶에 진정스럽기를 원한다. 그래서 자신 삶의 가식을 스스로 걷어내려고 한다. 대중음악도 그래야만 이제는 상호 소통할 수 있다고 요구를 하고 있는 것이다. 대중음악도 이렇게 진화할 수 밖에 없는 것이다.

그런데 정선아리랑은 이것이 근본적으로 있다. 말하듯이 부르라는, 그렇게 자신의 상념을 그 모습대로 그대로 말하라는 것이다. 너무 힘들어서 세상의 신산고초를 속에 저며놓고 나름 오래 숙성시켜서 숨 한자락으로 툭 세상에 자연스럽게 던지라는 것이다. 그 신산고초를 이겨낸 자신의 심사를 조근조근 말하라는 것이다. 근원으로 숙성되고 내면화된 자

신의 천성을 말하라는 것이다. 정선아리랑은 근본으로 아름다운 노래일 수밖에 없는 것이다.

정선아리랑으로 추는 춤은 무척 아름답다. 한국 춤의 단점 중의 하나로 지적되는 것이 몰개성적이고 미적 가치가 단순 추상적인 것이 많은 것이라고 한다. 그래서 그 시각으로 정선아리랑을 해석하고 춤을 추려면 어렵다고 한다. 맞는 말이다. 기존 관념으로 보면 정선아리랑은 단순하고 밋밋하기만 할 뿐이다. 그래서 뒤집어서 생각하면 정선아리랑은 쓸데 없는 춤의 관념적 습관이 들어올 수 있는 확률이 적다. 춤을 위한 춤이 아니라 사람 됨됨이가 그대로 드러나는 춤이기 때문이다. 그러한 춤의 근원성을 가질 수 박에 없기 때문이다.

정선아리랑은 천성과 됨됨이가 맑게 드러나는 깨끗한 신명의 춤을 부를 수밖에 없다. 그저 말하듯이 출 수밖에 없는 막춤인 것이다. '말하는 노래'로 추는 춤은 정형화될 수가 없다. 노래 형식이 막춤으로 출 수밖에 없고 또 그것이 잘 어울린다. 깊은 매력이 있다. 그런데 막춤이기는 한데 사실 내재화된 선율을 탄다. 각 개성들이 자신의 성정과 취향에 맞게 그대로 나오는 춤이다. 일명 보릿대춤이라고 하는데, 바람결에 보릿대가 자유자재로 억지 없이 흔들리는 것과 같다고 하는 그런 춤이다. 바람결의 춤인 것이다. 이 보릿대춤은 겉보기 장단에는 사실 맞지 않을뿐더러, 개의치도 않는다. 장단에 맞춘다는 것이 애당초 상관없는 일이고, 장단에는 무심하지만 나름의 내재율로 장단을 탄다.

정선아리랑 자체가 사설의 성격도 그렇고, 그것을 감수하고 드러내는 방식이 장단에 얽매이지 않고 자유롭기 때문에 그러하다. 당연히 춤도 그러할 수 밖에 없다.

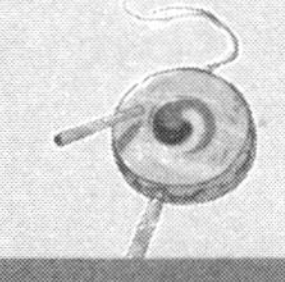

김지하는 시인이면서, 토착적 사상가이자 미학자이다. 그가 다시 원주에 되돌아와서 아우라지미학을 말하기 시작하는데, 정선아리랑의 근원성을 준거하려 한다. 커다란 담론으로 그 근원성을 풀어가기 때문에 아직은 구체적으로 어찌하고 어찌해야한다는 것이 풍성하지는 않지만, 정선아리랑이 갖고 있는 미학적 심저와 그 파급력을 본격적으로 얘기하기 시작하고 있다.

> 오늘 아우라지가 새 美學의 중심 테마로 떠오른 것도, '정선아리랑' 때문이고, 그 정선아리랑이 남도민요와 동남부, 중북부 탈춤 등 일체 民藝민예 속의 숨은 恨한과 신명의 미학 원리인 '시김' 또는 '시김새' 등(!)의 핵심비밀의 열쇠라는 동편제 鬼笑聲귀소성의 名人명인 송흥록의 마지막 말이 있었기 때문이다. "판소리 시김새의 근원은 정선아리랑이다"
>   ……
> 한국인이 세계에 전해야 하는 문화와 지혜는 '시김'에서 시작한다. '시김'은 논리가 아니다. '시김'은 논리, 논의 자체가 무너졌을 때 일어나는 불같은 분발이거나, 배고픔이거나 아니면 번쩍하는 번갯불이다. 이 민족의 '시김'은 누구나 다 아는 남도소리, 판소리, 탈춤, 육자배기, 무가, 허드랫소리와 불교 및 무속문화를 중심으로 한다. 그러나 그 근원은 강원도의 정선 아우라지로부터 시작된다. 정선아리랑은 '시김'의 첫 뿌리에 속한다. 그것은 '넉넉한 월봉(月峰)의 그믐달 밤과 날카로운 초미(初眉)의 눈부신 해돋이의 동서결합이다.[14]

오늘날 많은 노래와 춤이 있지만, 사람들의 마음을 감동시키는 노래와 춤은 그렇게 흔하지 않다. 무엇보다도 우리의 삶이, 우리의 일상이 자

---

14)　　김지하, 『아우라지 미학의 길』(다락방, 2014년)

아우라지 뗏목

연적이지 못하고, 근원적이지 못하기 때문이다. 우리의 춤과 노래 또한 자연의 아름다움과 균형과 조화 속에서 우러나올 때 우리는 비로소 사람들을 축복과 평안과 조화로 안내할 수 있을 것이다. 정선아리랑은 오랫동안 그 고유의 자연성과 거기서 배태된 인문성을 잘 확대재생산해왔다. 메나리토리라는, 현실의 이면을 깊이 상념하게 하는 아름다운 선율을 가지고 인간사의 존재적 깊이를 풍성하게 해주었다. 정선아리랑은, 우리 시대에도 여전히 아름답게 잘 익어가고 있다. 어느 지역의 전통민요 한 자락이 아닌 것이다. 근대적 문화유산, 박제된 전통문화가 아닌 것이다. 그것은 정선아리랑의 한 소절, 특히 누구나 익히 알고 있는 '눈이 올라나~ 비가 올라나~ 억수장마~ 질라나~~ 만수산 검은 구름이~ 막 몰려온다~'를 가만히 읊조려 보면 느껴진다. 자신도 모르게 어떤 상념 속에 들어간다. 첫 소절을 내는 순간부터 담담해지는 것이다. 뭔가 깊은 숨을 쉬는 것 같이 평온해진다. 어떤 상념에 잘 젖어들거나 명상을 할 때처럼 자연스럽게 숨이 깊어진다. 그것은 자신의 내면을 들여다보는 길의 과정

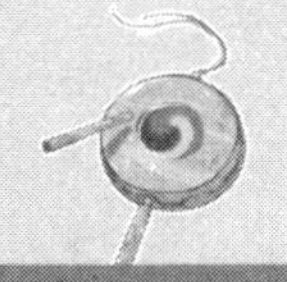

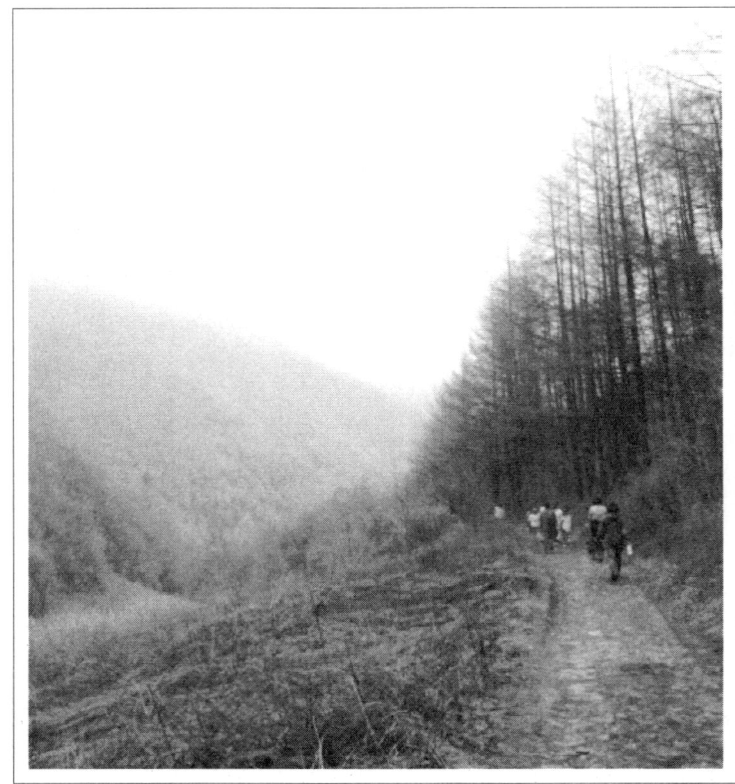

검룡소 가는 길

인 것이다. 그래서 정선아리랑은 유한 존재 인간이 늘 가져온 존재론적 서정, 즉 페이소스라는 근본 서정을 갖게 된다. 그래서 많은 사람들은 정선아리랑으로 자신을 말하듯이 말을 한다. 메나리로 현실을 찍어 붙인다. 근원에 대한 그리움을 자연성으로 만나려 하는 것이다. 삶을 깊이 보게 되는 것이다.

얼마전 TV에서 [꽃보다 할배]라는, 나이든 사람들의 배낭여행을 다룬 프로그램이 있었다. 겉보기에는 좌충우돌 해외 여행이지만, 거기에는 삶이 잘 익은, 메나리같은 서정이 내내 이면으로 흐르고 있었다. 단순한 엔터테인먼트인 예능 프로그램을 넘어서서, 누구나 알고 있는 존재론적 서정을 건드리고 있기 때문이었다. 어떤 예능평론가는 이 프로그램을, "[꽃할배]의 여행이 여느 사람들의 여행기와 다른 것은 해가 지기 전 화

사한 저녁노을의 아름다움처럼 그들의 열정이 아름답지만 그것이 유한할 것이라는 안타까움이 공존하기 때문일 것이다. 그것을 통해 그저 여행지의 풍광에 취하는 것이 아니라 그 풍광조차도 인간의 유한한 시간 속에 존재한다는, 그래서 그 속에 담긴 인간사에 대해 보다 진지하게 깊게 되돌아보게 되는 시간이 되기 때문이다.〔꽃보다 할배〕는 그저 한낱 예능이 아니다.”라고까지 얘기한다. 정선아리랑은 늘 우리 곁에서, 메나리로써 우리 삶의 존재론적 서정을 건드리는, 현재 잘 익어가고 있는 현실 노래이다.

시인 안도현은 화암사라는 절집을, '잘 늙은 절'이라고 노래한다. 바람결에 흐르는 메나리같은 서정을 노래한다. 인간의 마을에서 온 햇볕이 / 화암사 앞마당에 먼저 와 있다고 한다. 정선아리랑 한 가락이 흐른다.

人間世 바깥에 있는 줄 알았습니다.
처음에는 나를 미워하는지 턱 돌아앉아 곁눈질 한번 보내오지 않았습니다.

나는 그 화암사를 찾아가기로 하였습니다.
세상한테 쫓기어 산 속으로 도망하는 게 아니라 마음이 이끄는 길로 가고 싶었습니다.
계곡이 나오면 외나무 다리가 되고 벼랑이 막아서면 허리를 낮추었습니다.

마음의 흙먼지를 잊어먹을 때까지 걸으니까
산은, 슬쩍 풍경의 한 귀퉁이를 보여주었습니다.

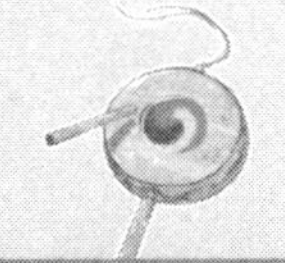

구름한테 들키지 않으려고 구름 속에 주춧돌 놓은
잘 늙은 절 한 채

그 절집 안으로 발을 들여 놓는 순간
그 절집 형체도 이름도 없어지고
구름의 어깨를 치고 가는 불명산 능선 한 자락같은 참회가
가슴을 때리는 것 이었습니다.
인간의 마을에서 온 햇볕이
화암사 앞마당에 먼저 와 있었기 때문입니다.
나는, 세상의 뒤를 그저 쫓아다니기만 하였습니다.

화암사, 내 사랑
찾아가는 길은 굳이 알려주지는 않으렵니다.

— 안도현, 〔내사랑, 화암사〕

메나리 문화와 메나리 미학

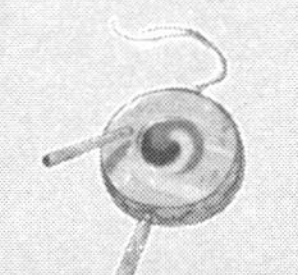

셋째마당

메나리 문화와 메나리 미학

◑ 01. 노래하고 있는 자기를 바라보고 있는 자기

조동일은 한(恨)에 대해 말하면서 아주 중요한 미학적 단초를 제시한다. 민요 자체, 즉 예술에 국한된 텍스트 자체에 대한 연구나 평만으로는 잡아낼 수 없는, 노래 하나가 만들어내는 어떤 삶의 깊은 경지를 이야기한다. 오랜 시간 동안 많은 사람들이 공감하고 자신들의 서정도 보태고 전해내리고 하면서 우리 민요는 존재 근원의 힘까지 취한다고 한다. 그래서 삶을 늘 살아볼만한 긍정의 시공간으로 전이시켜내는, 그런 다층적이고 다성적인 노래의 역할과 그 미학을 얘기하고 있다. 삶 자체의 신산고초를 오랜 시간 동안 대동소이한(각자이면서도 공감인) 서정의 씨줄로 줄줄이 피력하면서도 그 자체를 피하지 않고 다른 차원으로 상승시켜내며 삶을 견뎌내고 나아가 현실을 늘 살아볼만한 시공간으로 치환해놓는 것을 얘기하고 있는 것이다. 삶을 살뿐더러, 삶과 친해지려 하면서, 그러한 삶을 바라보게 하는 자신의 또 다른 힘을 호출해낸다는 것이다. 그것은 물론 '내 안의 또 다른 나'로 말해지는 실재(實在)를 말한다. 존재론 차원인 것이다. 존재 근원과 소통을 나아가 협업을 한다는 것이다. 노래

하나가 자신의 실재를 동원시켜낸다는 것이다.

이 관점은 우리 민요의 가치를 노래 하나의 서정으로서 끝내는 것이 아니라 누에가 실을 뽑듯이 삶을 끈질기게 이어가게 하는 아주 중요한 '삶의 양식'이라고 격상시킨다. 나아가 그러면서도 늘 실재를 그리워하는 갈망까지 서정으로 보게 한다고 한다. 유한 존재 인간의 아름다운 리얼리티인 것이다.

한이라는 것은 민중이 대대로 물려받은 생활상의 고통이나 좌절이 깊이 응어리 맺힌 데에서 온 것이고, 풀어내도 풀 길 없는 그 속모를 마지막 응어리는 다음 세대의 그늘 속으로 이어져 흘러간다고 한다. 그러나 조동일은 한이라는 말을 너무 확대해서 해석하는 데 대해서 늘 반대 견해를 가져왔다. 한이라는 것이 있다고 인정을 하면서도 그 한을 웃음이나 여유나 해학으로 극복하거나 바꿔놓는 그런 과정이 우리 예술에서 더 뚜렷하다는 것이다. 한이 한 자체로 노출되고 두드러지게 나타난 때는 1900년부터 1920년 사이라고 한다.

노래에서도 그 시기에 그런 애조가 등장하는데, 그런 특징적인 징표로서 김소월의 시를 주목해 봅시다. 김소월의 시가 한을 주조로 한다는 말은 맞습니다. 김소월의 시에서 보이는 한은 그 이전의 시나 민요에는 없던 것입니다. 1920년대의 여러 가지 사회 형편 속에서 한 때 두드러지게 확대됐던 한의 모습을 매개로 해서 그 이전의 예술까지 함께 꿰뚫어 보려고 하는 것은 적합하지 않은 관점 같다는 것이지요.

실제로 그 이전의 예술 활동 속에서 한이 두드러지게 맺혀 있고, 그것이 주조로 된 것이 과연 있는가, 제 생각에는 없다고 봅니다. 사실은 한이나 슬픔 속에 빠져 들어가려고 할 때마다 익살이 해학에 의해서 그

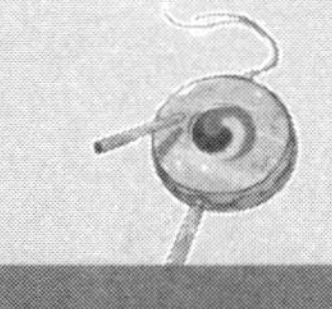

것을 차단시켜 버린 것이 아닌가 합니다. 미얄과장이 그 좋은 예이고, 또 하나의 전형적인 모습을 시집살이 노래에서 찾아볼 수 있어요. 그 노래가 슬픔 속에서 자신의 처지를 한탄하는 것 같지만 그렇지만은 않고, 그렇게 슬퍼하고 있는 자기와, 노래하고 있는 자기를 바라보고 있는 자기가 있어요. 슬퍼하고 있는 자기는 한을 풀이하고 있으나, 바라보고 있는 자기는 그것을 우습게 보고 있어요. 그런 형태가 우리 예술의 일반적인 기본 구조가 아닌가 합니다.[1]

조동일은 '슬퍼하고 있는 자기와, 노래하고 있는 자기를 바라보고 있는 자기'라는 훌륭한 미학적 설정을 통해 슬픔이라는 것을 삶 속으로 포섭, 용해시키는 민중적 리얼리티를 얘기해주고 있다. 그러나 조동일은 슬픔 속에 빠져들어가려고 할 때마다 익살이나 해학에 의해서 그것을 차단시켜버리는 예술적 일반구조가 있는 것이 아닌가라고 하는데, 그것보다는 풍물굿의 질굿이나 육자백이에서처럼 예술, 현실로 내재화시키는 성격이 우리 문화와 예술에서는 오히려 강해왔다. 차단이 아니라 현실 승화인 것이다.

실제로 민요가 고단한 삶이나, 노동, 시집살이 등 삶의 신산고초 자체만을 노래했다면 끈질긴 공동의 가치관을 갖는 전래성을 갖지 못했을 뿐더러 출중한 삶의 미학적 깊이를 갖는 노래로 전승되지 못했을 것이다. 현실도 지겨운데 노래마저도 지긋지긋하다면 그런 노래는 살아남을 수 없다. 현실의 슬픔을 깊게 하여 뭔가 근원적 외로움을 촉발하거나 혹은 느끼거나 혹은 가 닿거나 하지 않으면 현실 시간의 고초로만 남을 뿐이다. 당최 헤어날 수 없는 현실 고초의 노래를 부르면서 그런 나를 내

---

1)   조동일, 채희완, 「민족예술의 핵심은 춤」, 『한국의 민속예술』, 문학과 지성사, 393쪽

가 바라보는 다른 차원의 시간성을 가지지 않고는 현실을 이겨낼 수가 없다. 사람들은 늘 생각을 하고 꿈을 꾸며 너 나은 삶에 대한 희망의 끈을 놓지 않기 때문이다. 그래서 현실 시간의 서정과 존재론 차원의 시간을 중첩시켜 삶을 또 견디며 살아가려 하고 더 나은 삶을 꿈꾼다. 조동일이 갈파한 '슬퍼하고 있는 자기와 그것을 바라보고 있는 자기'라는 설정은 우리 민요가 하나의 노래 양식이 아니라, 삶 자체로서의 양식이 된다라는 중요한 미학적 관점을 제시해주고 있다.

메나리도 물론 조동일이 얘기하는 이 두 가지의 시간을 충분히 갖고 있다. 아니 아주 담뿍 지니고 있다. 1500여수에 이르는 정선아리랑의 어떤 사설을 읊조리더라도 가사 자체의 서정만이 아닌 이미 내재하여 흐르는 어떤 이면을 느끼게 해준다. 누구나 느끼고 나름 어떤 상념에 젖게 해준다. 메나리토리의 특징인 여유로운 박자 흐름과 단순한 선율 구조, 격변하지 않는 음의 변화, 물 흐르듯이 흐르고 내려지는 선율 등이 그런 이면을 만들어낸다. 겉보기 확연한 평조 같은 선율은 그 겉보기 안에 무수한 신산고초가 벼려지고 숙성된 힘, 노래 내면의 힘, 사람 존재론 차원의 깊이가 있기 때문이다.

그렇다면 노래 하나조차도 이런 삶미학을 갖게 하는 우리의 문화토양은 어떤 것인가? 메나리가 한 지역적 토리를 넘어서서 우리 소리의 보편적 미학을 획득하게 하는 우리의 문화적 토양은 어떤 것인가? 나아가, 메나리는 이러한 보편적인 존재론 차원과 늘 같이 형성되어왔던 우리 민요의 힘을 무엇보다도 담뿍 갖고 있는 것인가? 메나리문화는 어떤 토양에서 배태되어 자라왔고 그를 통해 우리 시대의 감수성과 미학과 가치철학과도 조우하는 그런 메나리미학을 갖게 되었는가?

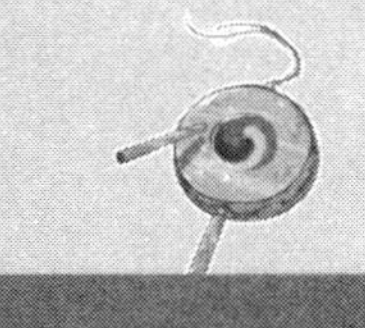

02. 해맞이

매해 세밑에 사람들은 동해로 몰려든다. 너도나도 엄청나게 몰려든다. 몰려드는 정도가 보통 때 동해바다로 놀러가는 관광 차원, 여행 차원이 아닌 규모이자 내용도 그만큼 규모의 미학을 가진 기운이고, 그리고 그 기운은 묘하고 절절한, 거대한 해일 같은 힘을 가지고 있다. 어떤 거대한 무형의 정신적 기운이 물결이 동해로, 동해쪽으로만 쓰나미처럼 몰려간다. 모든 사람이 하나의 정신 상태로, 하나의 염원이 되어 도도하게 흘러간다.

필자도 가족과 함께 새해여행을 동해바다로 몇 번 간 적이 있는데, 몇 년전 해맞이 하러 갈 때는 포항부터 출발하여 삼척시에 이를 때까지 어떤 숙박업소에도 들지 못했다. 매진, 매진인 것이다. 한적한 어촌 동네 슈퍼에 곁딸린 허름한 민박집에 겨우 묵을 수 있었다. 그런데, 한해 두해가 아니라 매해 이렇고 더구나 해가 갈수록 더 심해지고 있다.

이렇게 거대한 물결로 몰려든 '동해의 사람'들은 모두 다 한 가지 상념을 가지고 다음날 새벽에 일어난다. 어떤 강추위도 상관없이 동해바다 수평선에 해가 뜨기를 온 몸과 마음으로 기다린다.

해맞이하는 것이다.

동해바다의 일출을 보기 위해 많은 사람들이 스스로 도도한 대해가 되어 동해바다로 몰려온 것이다.

사람들은 왜 해마다 이런 강력한 신드롬을 만들어낼까? 그리고 이러

한 도저한 신드롬은 일회적인 것이 아니라 자발적으로 기획되어 해해년 년이 더 강해지고 있는 것인가? 서로 이미 일체가 되어 공감하고, 같은 정신 상태가 되고, 같은 염원을 가지고, 가장 맑은 마음이 되어, 스스로 보살의 심정이 되어 새 해 첫 해를 이렇게 간절하게 기다리고, 절절하게 맞이 하려 하는 것인가? 근대의 어떤 세시풍속도 일찍이 경험해보지 못 한 이런 강력한 통과의례를 만들어 내고 있는 것인가? 시대의 감수성으 로 미래, 희망 염원을 기원하고 순례하는 이런 당대적인 절절한 신(新)세 시풍속을 만들어내는 것일까?

이 신드롬은, 겉보기에는 일 년 내내 살아왔던 세상의 시간을 점검해 보고, 또다시 살아야 할 삶의 근기(根氣)를 만들고 싶기 때문으로 여겨진 다. 미래의 삶을 다시 희망으로 전이시켜놓고 싶은 것이다. 새로이 또 잘 살고 싶기 때문이다.

그런데 더 나아가 실제 그 속내는, 많은 사람들이 새해 해맞이를 삶 을 재생(再生)시키는 강력한 통과의례로 여겨 순례하는 그 속내는, 사실 실재(實在)에 대한 그리움에서 비롯된다. 질곡으로 가득 찬 세상사 속에 서 도무지 늘 나아질 것 같지 팍팍한 현실은 현실의 시간만으로 극복되 지 않기 때문이다. 그래서 우리는 무언가의 힘을 그리워하고, 바라고 염 원한다. 불안전한 존재이기 때문이다. 유한존재 인간이기 때문이다. 아 직도 세상의 진리를 꿰뚫지 못하고 있기 때문이다. 내 안의 또 다른 나 라고 일컬어지는 근원적인 힘을 아직 제대로 만나지 못하고 있기 때문이 다. 삶과 죽음의 모순을 아직 극복하고 있지 못하기 때문이다. 정신, 영 혼, 영성의 진화가 아직 미생(未生)이기 때문이다. 그러한 근원적 긴장을 탁탁 놓게 하는 세상의 시간을 벗어나서, 스스로 염원하고 빌어서 통과

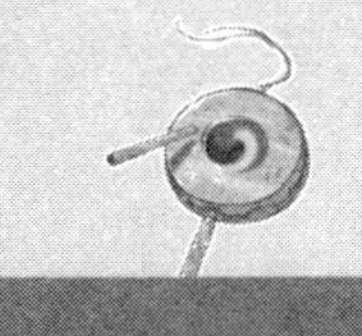

의례되어 보다 근원적으로 진화하고 싶은 것이다.

● 03. 돌무더기

　설악산은 많은 산악인들이 고향 같다고 한다. 지리산, 한라산, 소백, 태백 등 명산이 많고도 많은데 유독 설악은 산사람들이 늘 그리워하는 고향 같다고 한다. 이 설악산 등산 명품 코스 중의 하나가 공룡능선인데, 산세가 상대적으로 험해서 일반 등산객들은 많이 찾지 않는 편이다. 이

설악산 공룡능선
돌무덤

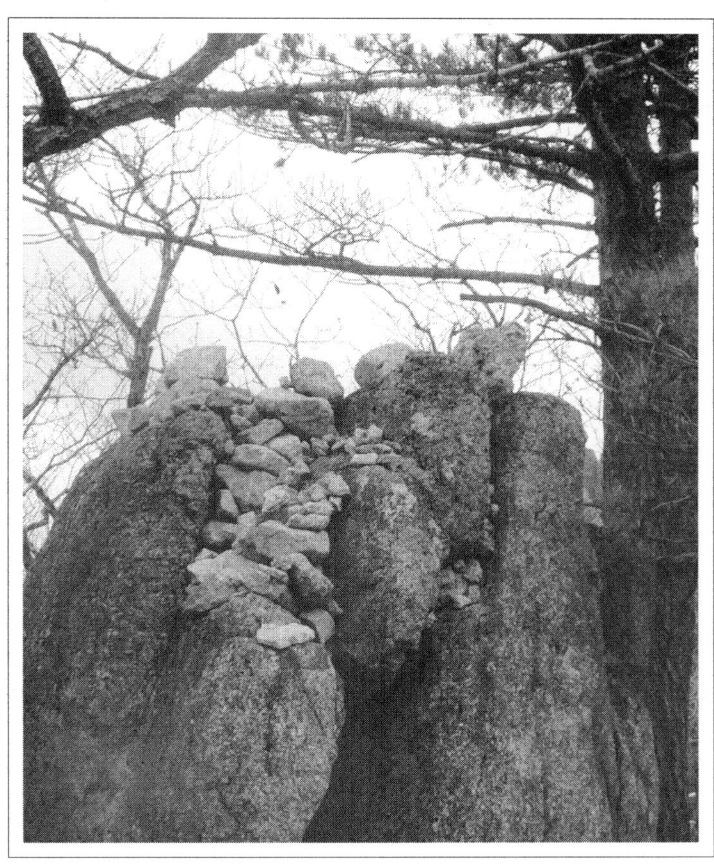

설악산 공룡능선
돌무덤

공룡능선의 어드메쯤에 아주 아름다운 돌무더기들이 있다.

사람들이 많이 찾을 수 없는 이 설악산 골짜기 깊은 곳에, 사람들은
왜 돌무더기를 쌓아올리고 있는 것인가? 많은 사람들이 산길을 오며가
며, 너도 나도 같은 심사가 되어, 다들 각자가 스스로 마음을 내고 정성
을 만들어, 여러 세월에 걸쳐 이런 협업을 하고 있는 것인가? 설악산 도
처도처 길목 어디에도 돌무더기를 쌓지만, 공룡능선 이 높은 산골짜기까
지 올라와서도 저마다 자기를 닮은 한 두개씩의 돌을 모아 공동의 탑을
만드는 것인가?

마치, 험한 세상살이에서 번제(燔祭)된 각자의 사리를 모아서 또다시

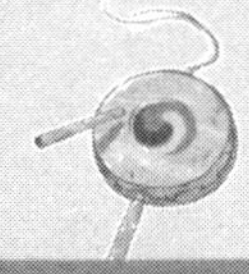

↰ 설악산 공룡능선 돌무덤 ↱

 강원도 메나리의 아름다움

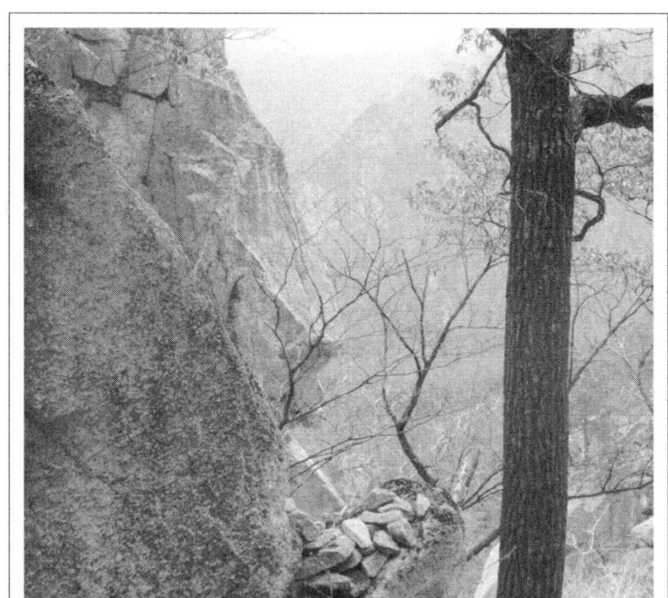

설악산 공룡능선
돌무덤

재생하고픈 간절한 염원을 가지고 탑파(塔婆)를 세우는 것 같다. 그런데, 그것이 왜 그렇게 낯익고 친근하고 아름다운가?

너도나도 정성으로 근원에 대한 그리움의 돌탑을 쌓고 그 돌탑 앞에 서서 스스로 진중해지고 맑아진다. 실재(實在)와 만나는 시간이기 때문이다. 늘 같이 있지만 세상살이 관습에 얽매여 잘 만나지 못하는 자기 근원을 이렇게라도 호출하고 만나고 그 힘을 얻고 싶기 때문이다. 그러한 근기로 자신에 대한, 자신의 세상살이에 대한 또 한 번의 서원(誓願)을 하는 것이다. 그래야 또 세상은 살아볼만한 곳으로 변한다. 이것은 이 실재와 맞닥뜨리는 것은, 즉 깨어남이다. 사람은, 실재와 실제 현실을 늘 같이 하지만 이렇게 스스로 정성을 다하고 서원을 해야 실재를 스치듯이라도 만날 수 있는 것이다.

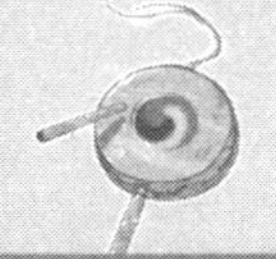

설악산 백담사 입구의 돌탑들

◖ 04. 미륵님

거제도 신선대가 있는 해변은 몽돌해변이다. 오랫동안 파도에 씻긴 돌들이 몽돌몽돌하게 생겼다. 이 몽돌해변에 파도가 밀려오면 아주 서늘하고 상클상큼한 몽돌소리를 낸다. 쏴아~촤르르르~~하는 소리가 천상의 바람 소리같이 청명하다. 이 바닷가에 놀러온 사람들이 문득 그 몽돌을 주어 무언가를 간단히 만들어내었다.

미륵(彌勒)이다. 애기미륵 같은 몽돌미륵이다. 사람들이 이리저리 울퉁불퉁 생긴 몽돌 몇 개로 간단하게 미륵을 만들어내었다. 작은 소망과 정성이 돌 몇 개를 부처로 만들어내는 것이다. 미륵은, 보살의 몸으로 도솔천(兜率天)에서 머물다가 미래에 석가모니불에 이어 중생을 구제한다는

거제도 신선대해변
몽돌미륵

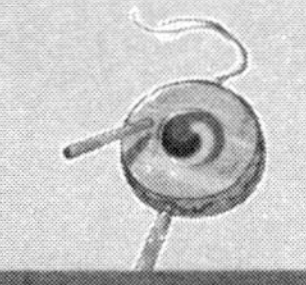

부처이다. 미래불인 것이다. 희망인 것이다. 모든 중생을 모두 보살이 되게 하는 미륵이다. 삶이 험난하고 세상살이가 팍팍할 때마다 사람들은 미륵이 하생하기를 늘 꿈꾸었다. 사람들이 미륵보살이 있는 도솔천에 왕생하기를, 용화세계의 장엄함과 아름다움이 그 어느 것과도 비교할 수 없이 수승하고 오묘한 모양을 자세히 말하고 이를 관(觀)하는 이는 그 하늘에 왕생하게 된다는 미륵상생보다는, 미륵이 이 세상에 하생하여 중생을 제도하여 세상을 용화세계로 바꾸어달라는 지금 이 세상의 희망을 빌었다. 여말선초에 광범위하게 벌어진 매향제(埋香際)는 이 미륵 세상을 꿈꾸는 사람들이 그들의 꿈을 실현시켜달라는 삶의 간절한 의례였고, 조선말 전국에서 민란이 일어날 때에도 미륵이 오기를, 용화세상이 이루어지기를 민초들은 간절히 바래었다.

05. 매향(埋香)

매향은 향을 묻는 것이다. 염원과 미래인 향을 갯벌에 묻는다. 오래된 역사를 가진 이 매향제(埋香際)는, 십여 년 전 강화도의 작은 공동체에서도 당대의 시대의식 의례로 벌어졌는데, 그 때 당시 몇 십년된 향나무와 더불어 각자의 서원을 적어놓은 판각을 갯벌에 같이 묻었다. 이 판각은 팔만대장경 판각의 크기인데, 매향제를 지내던 고려말 당시에 같은 뜻으로 팔만대장경을 만들려는 불교계에 파급된 영향력을 받아들여, 우리 시대에도 매향문을 써넣는 판각재료의 크기를 팔만대장경의 크기와 동일하게 만들어 각자 서원을 적어 넣었다. 매향문 중에, 목사님이 "사람 가운데 하늘과 땅이 모두 귀일한다.(人中天地一)"는 천부경의 구절을

썼는가 하면, 또 스님이 "평화를 엮어내는 자 복이 있을지어다. 그가 땅의 주인이 되리로다."라는 산상수훈의 한 대목을 써 넣는 등, 종교적 배타성 까지도 넘는 서원문이 차곡차곡 모아졌다.

매향제는 결국 역사적 현실성 즉 시대를 넘어서 소통하는 의식이었고, 마음의 고향 즉 종교를 넘어 소통하는 기원이 되었다. 생명은 세상논리, 경제논리에 유착되지 않고, 역사를 넘어 '또 다른 내'가 이 뜻을 이어가길 바라는 길을 걷는 것이고, 또한 인종, 종교, 국가, 계급, 성별을 넘어서서 호흡하는 천지화육의 대 호흡이고 기원이라고 생각되었던 것이다. 이때 우리 시대의 새로운 정치, 경제 질서를 모색하기 위해 화백, 신시 등을 연구하는 재야 인류경제학자 좌계 김영래선생께서 매향문 발제안(?)을 내 놓았고, 이것을 판각본 크기의 검은 돌에 새겨서 매향제가 벌어지는 강화 동막의 어느 바위에 들여 앉혀놓았다. 그 매향문은 다음과 같다.

〈매향문〉

우리는

대자연 천지의 노동을

인간이 질곡시키고

착취하는 것을 원치 않는다.

인간의 삶과

인간의 노동과

하늘의 노동이

함께하는

그런 따뜻하고 향기로운 세상이

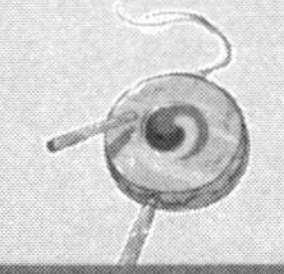

영원한 현재가 되길 바라며
이 향을 묻는다.

언젠가 그 세상이 오고
이 향을 후세의 또 다른 내가
보기를 바란다.

아울러 이 향기는
지금부터 불멸의 시간을 통해서
인종, 국가, 계급, 성별의 이름으로 차별하지 않는
인류가 하나 되는 향기이기에
우리의 짧은 삶을
죽음의 잔치에
허덕이게 하는
그 무의미함도
이 자리에
묻어 버리고자 한다.

이 명문 중에서도 가장 아름다운 대목은,

언젠가 그 세상이 오고
이 향을 후세의 또 다른 내가
보기를 바란다.

'후세의 또 다른 나'는 삶의 영속성을 말한다. 좁혀 말하자면 실재로
서의 나이다. 각 당대마다의 삶이 늘 영속되고 정신, 영혼, 영적으로 진

↖ 매향제 ↗

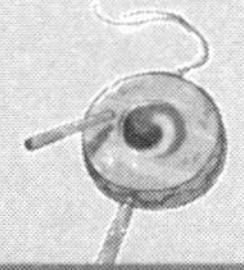

<c 매향제 ン

화되는 그 실재를 말한다. 조동일이 말하는 현실의 신산고초를 노래하는 '나를 바라보는 또 다른 나'인 것이다. 그것이 리얼리티, 실재, 실제 현실인 것이다.

아주 오랜 세월동안 늘 미륵을 꿈꾸어왔던, 그것이 또 늘 현실인 그 속에서 주어진 시간의 삶을 사는 사람들에게 늘 익숙한 그런 시간을 스스로 통과의례하는, 가슴 저미고 또 기쁜 그런 삶을 사는 사람들이 하는 '사람의 문화'인 것이다. 그리고 그것이 노래 한 자락으로 우리 당대에 깊은 페이소스로 불리워지며 그 영속성을 잇는 것 중에서 우리 당대에도 여전한 아름다움을 갖는 정선아리랑 한 대목이다. 메나리인 것이다.

06. 천불천탑(千佛千塔)

미륵하생의 용화세계에 대한 여러 이야기 중 화순 운주사 천불천탑[2]에 관한 것은 늘 감동을 준다. 황석영의 대하소설 『장길산』의 에필로그는 이 전설에 관한 것이다.

월출산을 근거로 하여 관군에 맞서 싸워오던 노비들은 들판 가운데 우뚝 솟은 바위산에서 포위된 채로 굶주리며 죽어 가다가 천불산 계곡에 숨어살게 된다. 이 골짜기 안에 천불천탑을 세우면 그들이 나라의 중심이 되는 세상이 하룻밤 사이에 이루어진다는 미륵님의 계시를 받게 된다.

노비들은 새벽에 깨어 일어나 보성만에서 떠오르는 아침 해를 보았

---

2) 요헨 힐트만의 『미륵』(학고재, 1997년)은 그 부제답게 화순 운주사 천불천탑의 용화세계에 대한 탁견을 가진 책이다.

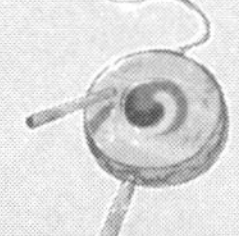

천불천탑

 강원도 메나리의 아름다움

↑ 천불천탑 ↓

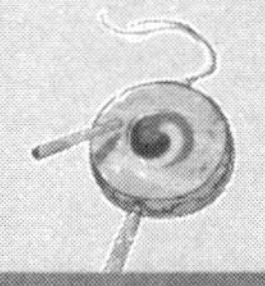

천불천탑

다. 우리는 이곳에 서울을 세우리라고 미륵님께 서원합니다. 여기가 염부제가 되리라고 믿습니다. 그들은 황토뿐인 야산에서 바위를 찾으려고 산등성이를 넘어가고 들판을 달리고 강을 건넜다. 바위를 굴려오고 끌어오고 떠메고 산천이 떠나가라고 두드리면서 미륵상과 탑을 쪼아 세우는 노고를 온 세상에 알렸다.

세상의 모든 천민이여 모여라, 모여서 천불천탑을 세우자. 그들은 보리밭 밭고에 돌을 눕혀놓고 새기기도 하고, 산비탈에서 쪼으기도 하고, 암벽 중간에 매달려서 정과 망치를 두드리기도 하였다. 고수는 망치 소리를 모두 뒤덮을만치 우렁차게 북을 때리고 또 때렸다.

그들은 캄캄한 밤이 되었어도 횃불을 밝히고 일을 계속하였다. 구백구십구의 미륵상과 탑을 세웠다.

마지막 미륵님의 형상이 이루어졌다. 자, 이 미륵님만 일으켜 세워드리면 세상이 바뀐다네. 그들은 머리와 어깨와 몸에 달라붙어 힘을 썼다. 북은 그들의 힘쓰는 앞소리와 뒷소리에 장단을 맞추었다. 미륵의 몸

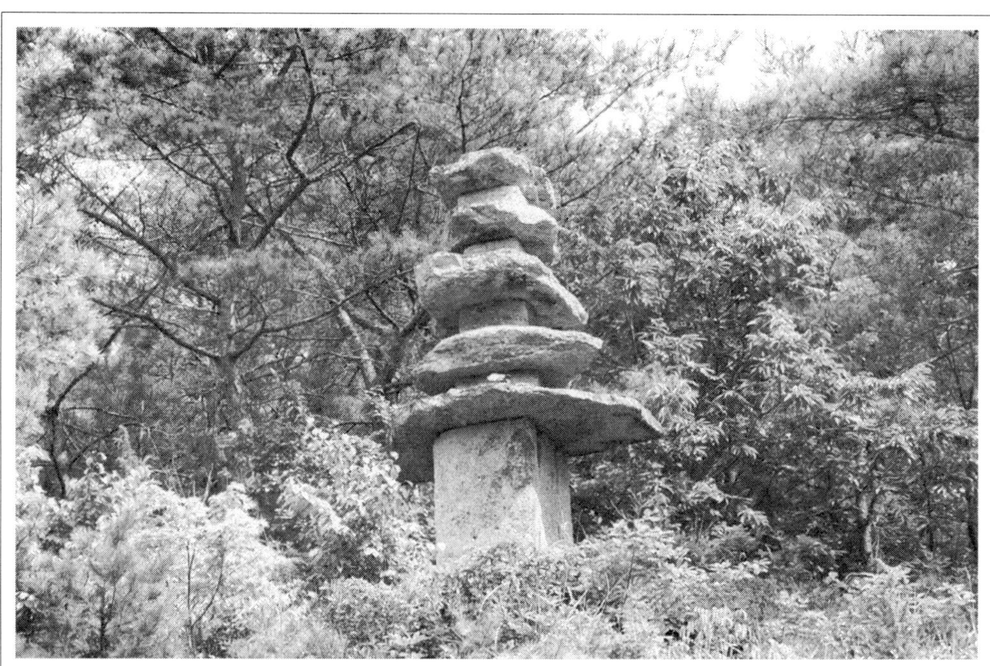

천불천탑

이 움직이기 시작하였다. 조금만 조금만 더, 하다가 미륵은 다시 넘어졌다. 사람들은 지칠 줄 모르고 미륵님을 밀어 올렸다. 그때에 도저히 이 캄캄한 밤의 노고를 참지 못한 사람 하나이 있어, 손을 떼고 혼자 떨어져 나가며 거짓말로 외쳐 버렸다. 닭이 울었다! 고수는 그 말을 듣고 깜짝 놀라서 북채를 내던졌다. 미륵을 밀어 올리던 사람들도 힘을 잃고 주저앉아 버렸다. 미륵상은 비탈 저 밑에 처박혀서 다시는 움직이지 않았다. 서로 미륵상이 되기 위하여 우뚝우뚝 새까맣게 몰려오던 사방의 바위들도 소문을 듣고는 그 자리에 넘어져 버렸다.

다음은 장길산의 대미(大尾). 깊은 리얼리티를 가지고 우리의 삶의 어느 시간에 우리의 삶의 근원에 대한 기본 의식을 환기시켜주고 마음을 다시 잡아주는 명문이다. 실재로서의 삶을 깨닫고 삶의 근원으로서 살려 하지만 아직 미생인 현실 세계 사람들의 그 애처롭지만 그래서 늘 낙관

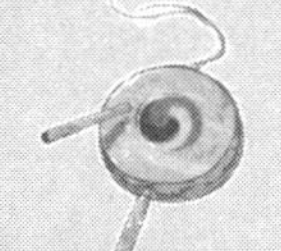

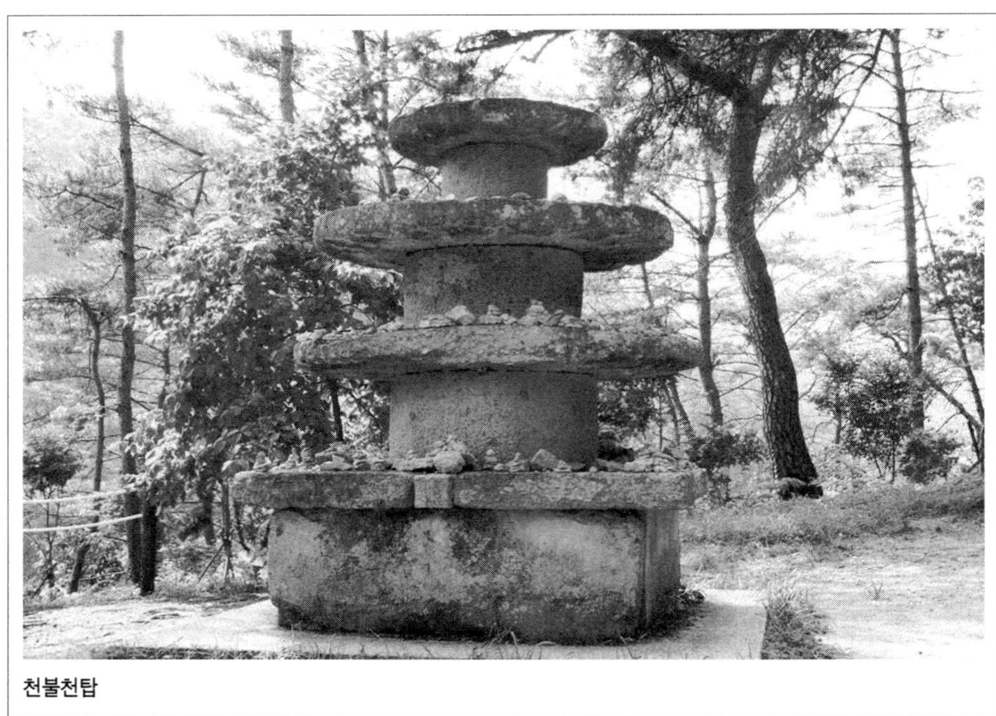

천불천탑

을 만드는, 그래서 늘 해맞이하는 그 아름다운 삶을 생생하게, 우리 시대 잠언처럼 준거해주고 있다.

마을과 마을의 닭소리기가 서로 접하여 있으며, 아름답지 않은 꽃과 과실의 나무는 말라서 없어지고 추하고 약한 것이 스스로 소멸하고, 기후는 화창하고 사시의 계절이 순조로우며 질병이 사라진 세상. 탐하는 마음과 성내는 마음, 어리석은 마음이 커지지 아니하고 은근하며 사람마다 평등하여 모두 한 가지 뜻으로 서로를 보게 되매 기쁘고 즐거워하며, 착한 말로 서로 오가는 뜻이 똑같아서 차별함이 없게 되는 사람들, 서로 싸우고 죽이며 잡혀가고 옥에 갇히고 무수한 고통을 가져왔던 부귀가 이제는 버려진 돌조각처럼 아끼고 탐내지 않게 된 그러한 곳은, 어느 숲속이든 산속이든 아니면 바다의 안개 속에 가려진 섬이든 실재하지 않았다.

대동세상이 이루어진다는 확신을 가진 사람들의 목숨 가운데서 문

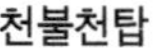

천불천탑

득 빛나던 것이 있었으니, 스스로의 가슴 속에 이미 저러한 세계의 실상
이 생생하게 담겨졌다는 깨달음이었다.

　역(易)에 이르기를 미제(未濟)의 뜻이 해가 바닷속에 잠겨 있으므로
장차 밝게 떠오를 것을 안다 하였으매, 티끌처럼 수많은 생령(生靈)들의
뜻히 어찌 이루어지지 않으랴.

　생령(生靈). 스스로 하늘인, 하늘이고자 하는 생명들이지만 아직 미망
(迷妄)인, 근원으로는 미생(未生)인, 간절한 생명들. 그러나, 이미 구백 구
십 구개의 미륵을 세우고 모신 세상 사람들이다. 사실 고단한 세상은 단
한 개뿐인 것이다. 이미 생령인 사람들은 이렇게 미륵, 용화세상을 늘 현
재화시키고 있는 것이다.

　메나리는, 정선아리랑 한 자락은, 늘 들어도 상념에 젖게 하는 그 깊
은 페이소스는, 이러한 생령들의 간절함에 맞닿기 때문에 우리 근원에

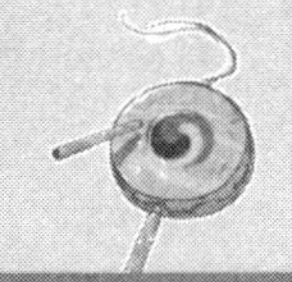

대한 떨림과 울림을 만들어낸다. 그래서 메나리는 이미 미륵이자 부처인 생령들이 세상살이에 대한 신산고초를 견뎌내고 이겨내는 그 애틋하고 밝은 삶에 대한 헌사(獻詞)이자 그러한 기운을 정성스럽게 드러내고 진작시키는 일, 근본으로의 길을 열어주는 길굿이 되는 것이다. 그래서 노래는 신산고초의 부침을 그 자체로 드러내지 않고 사람 삶의 구체적인 그것을 깊이 내면화시킨다. 숙성의 과정을 거치는 것이다. 그래서 노래는 평조처럼 담담하고 어찌 보면 웅담화평하기까지 하다. 그 지독한 삶을 이면의 영역으로 침잠시킨 다음, 실재로 숙성하고 실재와 현실을 같이 버무린 리얼리티로 우리의 심금을 먼 데 한 숨 하나로 스스로부터 감동시키는 것이다.

07. 기도깃발과 풍류(風流)

우리 민족의 정신문화사의 중요한 한 원형인 풍류(風流)를 말하고, 그것과 동질이면서, 우리가 근현대사를 통해 잃어버렸던 정신의 웅혼함, 영성의 진화를 갖고 살아가는 북미인디언을 연구하고 깨달음의 영역을 전파하는 서정록[3]은 고구려 벽화를 통해 우리의 풍류를 이야기 해준다. 실재로서의 풍류를 티벳의 기도깃발을 빌어 얘기해준다.

티벳인들은 기도할 것이 있으면 먼저 기도깃발을 세운다. 막히고 얼어맞고 채인 가슴을 풀기 전에 먼저 내 마음자리를 세우는 것이다. 그것이 바로 기도깃발, 룽타다. 룽타란 우리네 서낭당이나 당나무, 또는

---

3)　　　『백제금동대향로』(학고재, 2001년)의 저자

기도깃발 ─ 티벳

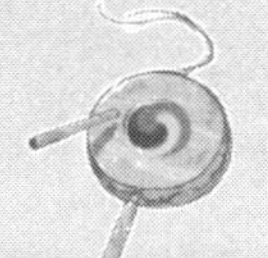

기도깃발 — 티벳

무당의 신당에 내걸던 오색천이나 깃발을 연상하면 된다. 그들은 줄마다 오색 깃발을 교대로 가지런히 달아 나무나 처마 끝에 매단다. 내 설운 마음자리를 생각하며 매단다. 그런 다음 바람을 불러 오색 깃발을 펄럭이게 한다. 오색 깃발이 펄럭일 양이면 비로소 그 바람에 애닯고, 섧고, 쓰리고, 아리고, 아픈 마음을 머리카락 풀어 바람에 날리듯 실어 보낸다. 그런 다음 그 마음이 텅텅 비워질 즈음 가만히 간절한 평화의 염원을 실어 보낸다.

우리네 삶이란 끊임없이 지지고 볶고 안달하며 서로의 가슴에 상채기를 내지만, 그래도 마음만은 부처님의 마음을 닮아 33천을 자유자재로 날고, 넘나든다. 그렇게 너도 중심이고 나도 중심이고, 이 세상의 모든 존재가 다 주인이다. 그것이 만다라의 세계다. 내가 있어 네가 있고, 네가 있어 내가 있나니, 네가 없으면 내가 없고, 내가 없으면 너 또한 없고, 우리도 없으니. 오직 너와 내가 더불어 있음으로 우리는 하나일 수 있고, 부처님의 몸뚱이 살점 하나일 수 있으니…… 그것이 하나며 모두

기도깃발 ─ 부탄

이고, 모두이며 제각각인 원이다. 제 선자리마다 모두 중심이 되는 자리, 그것이 바로 만다라의 원이요, 기도깃발의 마음자리다.

우리 조상들은 그런 만다라의 세계를, 기도깃발의 평화의 염원을 〈바람 風, 흐를 流〉자를 써서 '풍류(風流)'라 했다. 그리움이 흥이 되고, 슬픔이 노래가 되고, 서러움이 가락이 되고, 흐느낌이 춤이 되고, 강이 되고, 별이 되고, 하늘이 되고, 산울림이 되는 생명의 노래를…… 내 속에 네가 있고, 네 속에 내가 있는, 그 있고 없는 자리를……

소통은 별스러운 것이 아니다. 내 아픈 자리에서 세상의 평화를 기도하고, 사람들이 행복하기를 바라고, 배고픈 자를 먹이고, 헐벗은 이를 자애로써 따뜻하게 감싸고, 외로운 아이들에게 희망과 용기를 주는 것이다. 어둠의 뒤안길에 있는 이들을 밝고 따스한 햇빛 아래로 나오게 하는 것이다. 그렇게 내 안의 선함과 밝음을 이끌어내어 한마당 춤사위와 노래 가락을 펼쳐 보이는 것이다. 그리고 그것을 기도깃발에 실어 허공에 날리는 것이다. 바람이 춤을 추도록. 그래서 산과 강과 해와 달

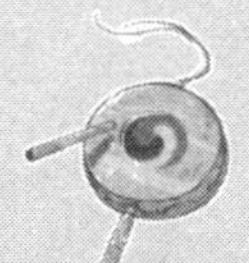

기도깃발 — 부탄

기도깃발 — 강화도 마리학교 정문

과 별들이 다시 노래하게 하는 것이다. 그렇게 모두가 행복해지는 것이다. 추임새를 넣듯 들뜬 보리가 잘 자라라고 밟아주는 것이다. 그때 내 한을 실어 쑥쑥 밟아주는 그 발걸음과 어깨춤이 바로 소통이다.

……

비님이 내려 마른 들판을 적셔주듯, 목마른 이들의 가슴을 적셔주듯. 춥고 시린 날 따뜻한 광명이 내려 얼음을 녹게 하고 파릇파릇 새싹이 돋게 하는 것, 그것이 소통이요 신명이다. 젖은 비가 아니면 은비, 금비라도 와야 하는 것이 소통이다. 아픈 이가 자리에서 일어나 덩실덩실 춤을 추며 놀지 않고 못 배기게 하는 것이 소통이다. 그렇게 내 설운 자리에서 감사한 마음으로 이 세상의 행복을 비는 것이 소통이다. 그것이 바람의 길을 열어 생명의 씨앗을 뿌리는 소통이요, 신명이다.

사람들이 깃발을 바람결에 걸고 '내 속에 네가 있고, 네 속에 내가 있는, 그 있고 없는 자리'를 흐르게 하는 풍류는, 고구려 시절부터 전해져 내려오는 우리 정신문화사의 중요한 원형이다. 서정록은 풍류를 다음과 같이 말한다. 다소 긴 인용문이지만 꼭 되새김질해야 할 중요한 관점과 개념과 의미를 얘기하기 때문에 가감 없이 싣는다. 이 글은 http://cafe.daum.net/peacetree2(인디언 카페 꽃 피는 나무 아래서)에 실려 있다.

백제대향로나 고구려벽화 앞에 서면 누구나 뭐라 표현할 수 없는 힘을 느낀다. 그리고 숨이 차오른다. 무엇인가 강력한 힘으로 끌어당기면서도 그렇게 따뜻할 수가 없고, 그러면서도 신성하다.

그것을 한국화로 표현한단다. 하지만 앞에 놓고 붓으로 그린다고 해서 그 힘이, 그 신성함과 따뜻함이 드러날 수 있을까? 내면 깊은 곳에서 우러나오는 울림과 떨림 없이 오랜 시공을 뛰어넘는 그 세월을 과연 감

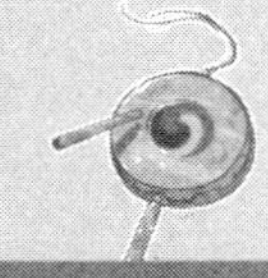

기도깃발 — 원주 풍류굿

기도깃발 ― 원주 풍류굿

동으로, 뜨거운 감흥으로 다시 우리 앞에 끄집어낼 수 있을까?

백제대향로와 고구려벽화를 주제로 한국화 전공 학생들이 작품전을 준비하는 데 도움말을 해달라는 박완용 교수의 전화를 받았을 때, 그런 의문들이 내 안에서 올라왔다. 서양의 인식론적 접근으로는 백제대향로와 고구려벽화를 대상화하고, 타자화(他者化)할 위험이 농후하기 때문이다. 동양의 기(氣) 역시 영혼의 울림을 표현할 수 없으니 답답하기는 마찬가지이다.

그렇다. 백제대향로와 고구려벽화 앞에 설 때 느끼는 그 감동을 표현하려면, 우리의 내면에서 솟아나는 그 놀라운 감흥을 형상화하려면 거기에 맞는 새로운 사고와 접근방법과 미학적 개념이 필요한 것이다. 나는 학생들에게 고구려벽화에 무수히 등장하는 '바람, 흐름, 결' 의 의미를 이야기해주기로 했다. 이 땅의 고대의 유물에 거의 빠짐없이 등장하는 갖가지 바람, 구름, 흐름, 결의 문양과 그것이 다시 식물문양으로,

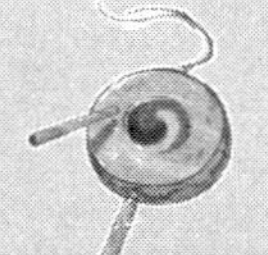

안악3호분 묘주 부인도   옷에 신성한 구름문양이 가득 장식되어 있다.

꽃으로 발전하는 '바람 風 흐를 流' 의 풍류사상을.

　그것은 일찍이 최치원 선생이 〈이 땅에 현묘지도(玄妙之道)가 있었으니 '풍류(風流)' 라 한다. 유불선 삼교를 포함하고, 접화군생하니…….〉라고 했던 바로 그것이었다. 나는 그 이야기를 풀기로 했다. 아니, 학생들이 어머니 뱃속에서부터 이미 알고 있던 것들을 끄집어내어 설명해주기로 했다.

　주지하다시피 고구려고분벽화에는 상당히 많은 바람무늬, 구름무늬가 표현되어 있다. 특히 고분의 천정벽―천상계―에는 바람무늬, 이른바 흐르는 바람 또는 구름무늬가 가득하며, 천상계와 지상계를 구분하는 도리에도 이러한 바람 또는 구름무늬가 수없이 장식되어 있다. 덕흥

리고분, 수산리고분 등의 경우에는 기둥에까지 이러한 바람, 구름무늬가 장식되어 있다.

본시 바람은 눈에 보이지 않는다. 그래서 바람을 표현할 때 흔히 구름을 넣어 그리는 탓에 이 바람무늬를 구름무늬로 부르기도 한다. 어느 경우이든 바람의 흐름과 변화, 결을 표현하는 것임에는 의심의 여지가 없다.

그런가 하면 쌍영총, 진파리고분의 경우에는 천정의 말각조정의 벽마다 구름무늬가 인동초문양의 형태로 표현되어 있으며, 이러한 인동초문양은 종종 화염문으로 변하기도 한다. 천상계와 지상계를 구분하는 도리에 장식된 류운문의 경우에는 물결문양으로 된 것들이 있는가 하면, ∞자 모양이 연속으로 이어진 형태도 있다. 또 식물문양으로 변화된 경우도 있다.

따라서 고구려벽화와 백제대향로에 표현된 류운문은 기본적으로 바람 또는 구름을 표현하되, 때로는 그 연장선상에서 바람에 나부끼는 식물, 또는 넝쿨을 이루며 뻗어가는 식물 등을 표현하고 있는데, 우리는 이를 통해 바람 또는 구름 무늬가 재생과 환생을 거듭하며 부단히 계속되는 생명세계의 신성한 힘을 드러내고 있음을 짐작하기 어렵지 않다.

혹자는 고구려벽화에 무수히 등장하는 이러한 바람무늬, 구름무늬 등을 그저 단순한 장식으로 볼지도 모르겠다. 하지만 그 바람, 흐름, 결의 다양한 표현들이야말로 고대 동북아인들의 정신세계의 근간을 이루는 샤마니즘에 토대를 둔 것이며, 이땅의 조상들이 그들의 영혼의 울림, 내면의 떨림을 표현하던 오랜 방식이었음을 지적하지 않을 수 없다. 놀랍게도 이러한 바람, 흐름, 결의 사상과 표현방식은 고대 샤마니즘의 세계에서 보편적인 성격을 띠고 있으니, 샤마니즘을 신봉했던 과거의 스키타이—흉노족도 그랬고, 아무르강 하류의 고아시아족도 마찬가지였으며, 저 북아메리카 인디언들도 모두 같았다.

그들에게 그림을 그리는 타자로서의 대상이란 없다. 오직 나의 영혼

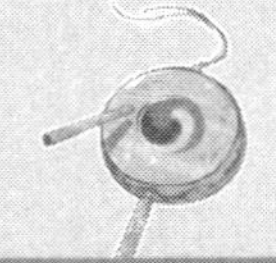

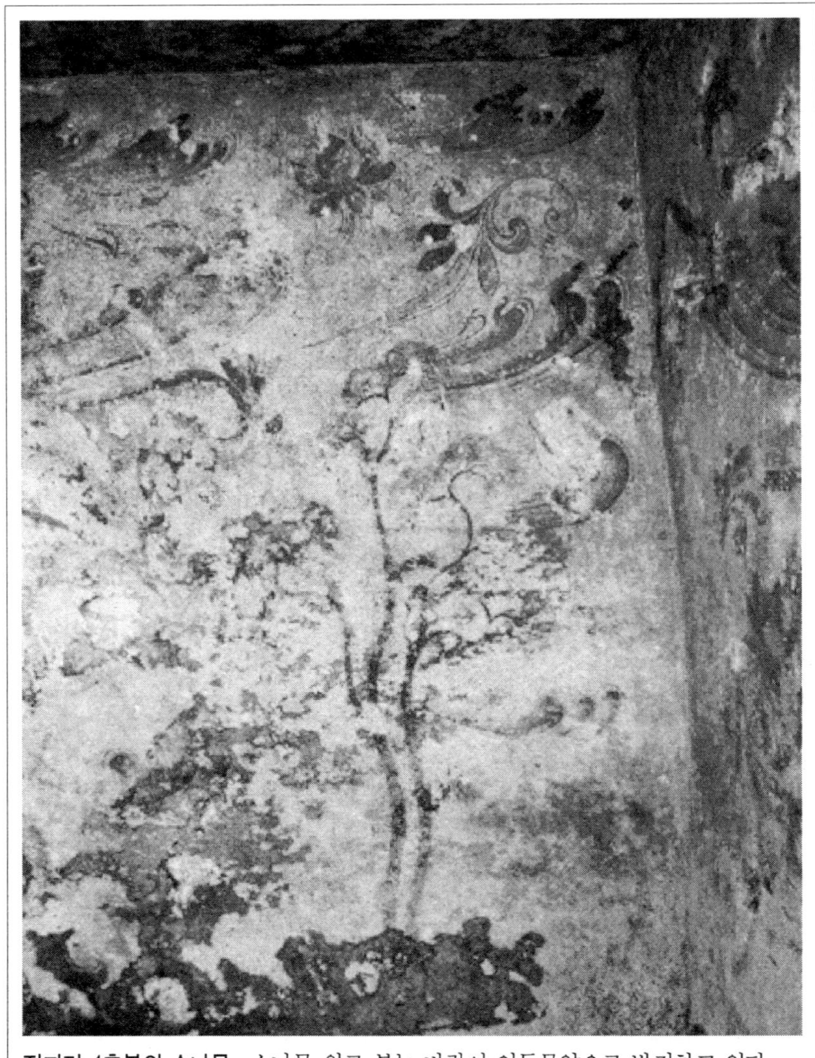

진파리 4호분의 소나무   소나무 위로 부는 바람이 인동문양으로 발전하고 있다.

과 만나는 다른 존재의 영혼의 울림과 그 울림이 밖으로 드러난 바람, 흐름, 결이 있을 뿐이다. 그리고 영혼의 울림과 바람, 흐름, 결이 있는 곳에는 언제나 하늘과 구름과 비와 강이 있고, 바람이 있고, 나무와 풀과 동물들이 있으며, 자연의 숨결이 있다. 그리고 우리네 삶의 이야기가 있고, 신화가 있고, 꿈이 있으며, 노래와 춤이 있다.

샤마니즘의 세계에서는 육신보다 영혼을 중시한다. 육신은 죽지만 영혼은 불멸하기 때문이다. 그러나 썩어 문드러질 육신일망정 거기에도

통구고분의 현무도 주위에 온통 바람, 흐름 무늬가 가득하다.

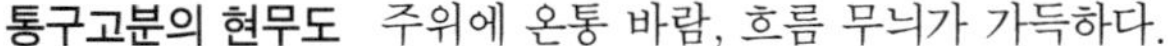

신성함(spiritual body)이 있다는 것이 샤머니즘의 지극한 사상이다. 육신 뿐 아니라 물질도 마찬가지다. 심지어 주검조차, 땅위를 구르는 마른 가랑잎에조차 신성함이 깃들여있다고 말한다. 그리고 그 주검을 거름삼아 새 생명이 땅밑에서 솟아난다. 이 세상에 단순히 물질덩어리로 치부할 수 있는 대상은 아무 것도 없는 것이다.

아침에 동녘에 떠오르는 해를 바라보라. 마른 대지를 적시는 빗방울을 맞아 보라. 시름에 잠긴 나의 얼굴을 어루만지고 스치는 바람을 기억해 보라. 길가에 핀 풀 한 송이가 피워낸 꽃을 보라. 푸른 하늘을 유유히 흐르는 흰구름을 보라. 그리고 내 곁에 있는 사람의 얼굴을 보라. 그리고 그 얼굴이, 그 표정이 말하는 이야기를 들어보라. 밤하늘에 뜬 달과 별들을 보라. 그 해와 그 달과 그 바람과 비를 그저 단순한 물질덩

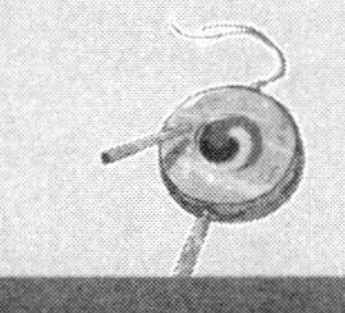

어리라 말할 수 있는가?

이 세상의 모든 존재에는 신성함이 내재해 있다. 해와 달도 신성하다. 바람도 신성하고, 비도 신성하다. 벌레도 신성하고, 풀 한 포기도 신성하고, 돌멩이 하나도 신성하다.

우리는 숨을 들이쉬고 내쉰다. 나의 숨에는 이 세상의 모든 존재의 숨결이 들어와 있다. 그리고 다른 모든 존재들에는 나의 숨결이 들어가 있다. 그렇게 이 세상의 모든 존재는 숨을 쉰다. 동식물은 물론 바위도, 해도 달도 숨을 쉰다. 그리고 숨을 쉬는 동안 서로 하나가 된다. 물 또한 마찬가지다. 모든 존재에 나뉘어 들어가 있는 물은 언젠가 바다로 흘러가고 다시 무수한 생명으로 그 모습을 바꾸며 돌고 돈다. 그렇게 순환한다. 그러므로 이 세상의 물은 하나다. 바람이 하나이듯이. 또 우리의 말과 행위는 다른 존재에게 영향을 끼치고 또 영향을 받는다. 그렇게 이 세상의 모든 존재들은 서로 연결되어 있다. 생명은 하나인 것이다.

천왕지신묘 천정벽에 그려진 달. 물결같은 무늬가 장식되어 있다.

　이렇게 하나로 연결되어 있는 생명세계의 ‘그물망’을 샤마니즘에서
는 영혼으로 푼다. 그리고 그 영혼의 울림과 떨림이 현상적으로 드러난
것을 바람, 흐름, 결이라 하니, 그것이 바로 최치원 선생이 말한 풍류요,
그 근본원리를 말한 것이 ‘접화군생(接化@生)’인 것이다.

　접화군생이란 무엇인가?

　바람이 없으면 생명은 살 수 없다. 비가 없으면 식물은 자랄 수 없
다. 물이 없어도 그렇고, 변화와 움직임이 없어도 마찬가지이다. 바람,
흐름, 결, 즉 풍류가 있기에 뭇 생명이 나고 자라는 것이다. 힘겨우면 힘
겨운 대로, 즐거우면 즐거운 대로 모두들 이 세상의 바람, 흐름, 결 속에
서 서로 부대끼며 살아가는 것이다. 그렇게 서로 만나고, 서로를 공경하
고, 서로의 존재를 섞으며 살아간다. 그것이 바로 바람, 흐름, 결 속에서
영혼을 가진 뭇 생명들이 나고 산다는 접화군생이다.

　이러한 풍류의 삶 속에서는 일상과 종교가 따로 분리되어 있지 않으
니 곧 일상이 종교요 기도이다. 한마디로 일상 속에 신성함이 깃들어있
는 것이다. 우리의 삶이 지극히 고귀해지는 순간이다. 이를 가리켜 최치
원 선생은 ‘포함삼교(包含三敎)’라 하였으니, 이 땅에 유불선이 들어오
기 전에 이미 그들의 도(道)를 다 포함하는 아름다운 삶이 있었음을 지
적했던 것이다. 〈집에 들어오면 부모에게 효도하고 밖에 나가서는 이웃
과 부족과 민족을 위해 봉사하는 것은 공자의 가르침과 같고, 자연의 법
칙을 거스르지 않고 침묵을 사랑하는 것은 노자의 가르침과 같으며, 악
행을 멀리하고 선함을 위해 힘쓰는 것은 부처의 가르침과 같으니〉 그
안에 이미 유불선이 다 들어있지 않느냐고 말이다. 고운(孤雲) 선생의
위의 말에는 유불선이 들어오면서 오히려 그 아름다운 도가 무너지고
어지러워짐을 안타까워하는 마음이 배어있다.

　백제대향로의 류운문 테두리나 고구려벽화의 수많은 바람, 구름, 식

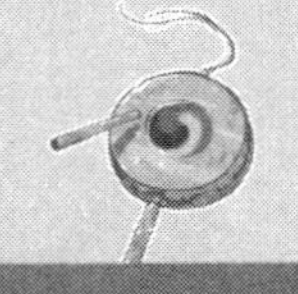

물무늬는 바로 이러한 공경의 삶을 관통하는 풍류—바람, 흐름, 결을 표현하고자 한 것이다. 때문에 백제대향로와 고구려벽화의 세계로 들어감은 자연스레 우리를 최치원 선생이 말하던 이땅의 현묘지도의 세계로 데려간다. 그리고 그 만남은 또 다른 바람, 흐름, 결이 되어 우리를 휘감는다. 때로는 전설처럼, 때로는 설레이는 꿈처럼.

메나리는 자연스럽다. 자연성을 담뿍 갖고 있다. 근원에 대한 추구라 억지가 없고 진솔하기 때문이다. 그 접점에서 나오고 들어가는 소리이기 때문에 치우치거나 남거나 모자람이 없다. 그래서 담담하고 또 그래서 이면이 깊다. 메나리가 강원도 메나리가 배태되고 자라온 문화적 토양은 앞서 살펴본 바와 같이 실재와 같이 되는 현실 리얼리티이지만, 그러한 인문 문화적, 미학적 토양을 만들어내는 것은 무엇보다 자연과 늘 익숙하게 지내온 삶인 것이다. 답답할 정도로 앞마당까지 들어온 산과 **바다**이지만 그 답답함은 삭일 수밖에 없고, 뒤집어 보면 그만큼, 자연성을 가지는 환경에 자기도 모르게 일상조차도 젖어있다는 것이다.

08. 자연(自然), 스스로 그러하기

자연(自然)이란 '스스로 그러하기'이다. 인공의 반대말, 도시의 반대말로 많이 쓰여져 흡사 자연은 숲과 나무와 강과 바다를 지칭하는 인간 이외의 환경을 지칭하지만, 실제로 자연이라는 개념, 나아가 자연성이라는 개념은 실재와 맞닿은 중요한 개념이다. 환경의 개념, 조건이나 대상의 개념이 아니고 인문의 개념이고 사람의 본질, 사물의 본질 개념인 것이다. 사람은 자연스러워야, 즉 자연성을 가져야 근원에 대한 추구를 할

수 있다. 스스로, 존재의 천성으로 됨됨이가 되지 않으면 자연성을 가지지 못하게 된다. 뭇 생명도 마찬가지. 만물은 스스로 그러 해서, 자신의 천성으로 어울려 살아야 자연으로 진화되고, 실재로의 길, 공생의 길, 자연의 길을 갈 수가 없다.

자연을 「다음사전」에서는, 사람의 힘을 더하지 않은 저절로 된 그대로의 현상이라고 정의하고, 「네이버사전」에서는, 사람의 힘이 더해지지 아니하고 세상에 스스로 존재하거나 우주에 저절로 이루어지는 모든 존재나 상태라고 정의한다.

자연 개념에 대한 일반적인 상식은 보통, 인간의 영향이 미치지 않은 그대로의 현상과 그에 따른 물질, 산, 바다, 호수와 같은 자연 환경, 사람을 제외한 자연물 모두, 인위적이지 않은 행동이나 현상으로 인식되어지고 있다..

흔히 상식으로 알고 있는 이 개념들은 자연을 대상화시킨다. 사람은 자연과 관계없다는 것이고, 나아가 사람이라는 주체와 자연이라는 대상으로 구별하여 별개로 인식하게 하는 근대 철학적 관점을 가지고 있다.

반면, 『리그베다 위키(앤하위키미러)』에서는 자연을 다음과 같이 정의한다.

스스로 그러함. 축자적인 의미보다는 영어, 프랑스어 등의 nature의 번역어로서 사용되고 있다. 번역어의 위치가 함의하듯이, 근대 이전에는 동아시아 사유에 위와 같은 뜻으로는 존재하지 않았던 단어이다. 글자만으로는 〈도덕경〉에 '自然' 이 수도 없이 나온다. 그러나 〈도덕경〉의 '자연' 은 nature의 번역어인 '자연' 과 의미가 완전히 다르다. 도덕경의

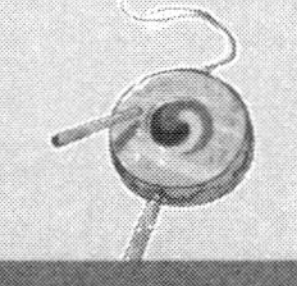

'자연'은 '자연스럽게'나 '자연히' 등 '스스로 그러함'의 의미이다. 번역어를 만들 때 기존에 있던, 그러나 의미가 다른 단어를 사용하면서 두 의미가 섞여 버린 예이다.

『위키백과』도 이 해석을 돕고 있다.

자연이란 낱말을 언제부터 사용했는지는 명확하지 않으나 도덕경의 여러 곳에서 이미 쓰이고 있다. 도덕경에 나타난 자연의 의미는 인간 사회에 대해 대응하여 원래부터 그대로 있었던 것, 또는 우주의 순리를 뜻한다. 도덕경에 나오는 자연은 현대어의 자연과 달리 명사가 아닌데, 원래는 "스스로 그러하다"라는 뜻이다. 예를 들어 도덕경 주해에 "천지 임자연"(天地任自然)이라는 말이 있는데, "천지"(하늘과 땅)는 현대어의 자연(Nature)이고, "자연"은 "스스로 그러하다"라는 뜻이므로, 이를 요즘 말로 옮기면 "자연은 스스로 그러함에 있다"라는 뜻이다.

한편 유럽의 여러 언어에서 자연을 뜻하는 낱말은 라틴어 natura를 어원으로 하고 있는데 영어와 프랑스어의 nature, 독일어의 natur, 이탈리아어, 스페인어 등의 natura 등이 그것이다. 라틴어 natura는 "낳아진 것"이라는 뜻으로, 그리스어 φύσις의 번역어로 채택되어 "본성", 즉 우주나 동물, 인간 등의 본질을 가리키는 낱말로 사용되었다.

현재 우리가 쓰고 있는 자연이란 낱말은 서구의 nature를 번역하여 들여온 것으로 중세 기독교 신학에서 비롯된 인간에 의해 정복되어야할 것이란 관념과 17세기 과학혁명 이후의 자연주의적 관점 등이 함께 혼합되어 있다고 할 수 있다.

『브리태니커』는 자연을 중국 도교 철학에서 자연의 힘과 완전한 조화를 이루며 살아가는 인간의 이상적인 상태로 정의하기도 한다.

　　도가들은 세상에 존재하는 모든 것들이 각각 자연적인 상태를 가지고 있다고 생각하고, 자연이 의도하는 대로 되기 위해 완전히 무작위적인 상태에 도달하려고 애쓴다. 결과적으로 인생은 극히 단순하며, 삶과 죽음, 건강과 질병 등은 저항할 수 없는 자연의 순환 가운데 하나로 받아들여진다. 자연은 끊임없이 세상을 생성 · 소멸시킨다. 그러나 우주의 다른 부분들과 달리 인간은 자연의 힘에 합치되도록 자신의 존재를 변화시켜야 한다. 인간은 변화하는 주변의 세계를 인지하여 인간이 통제할 수 없는 힘과 투쟁하지 않도록 노력해야 한다.

　　『고려대장경전 불교용어사전』에서 자연의 원 말은 자연법이(自然法爾), 법자연(法自然)이라고 한다.

　　다른 어떤 힘도 빌리지 않고 자신이 가지고 있는 스스로의 법칙에 의해서 본래적으로 그러함을 뜻함.

불교에서는 불법 그 자체의 진리를 표현하는 경우에 쓰고 있다. 예컨대 생멸의 변화가 없는 진여(眞如)의 법성(法性)을 가리켜서 자연이라고 하며, 각자 자신의 업에 따라 인과의 지배를 받는 것을 업도(業道) 자연이라고 하며, 아미타불의 원력에 따라 정토에 나게 되는 것을 원력 자연이라 하고, 극락에 태어나는 것을 극락 자연이라고 한다. 불교 문헌에 등장하는 자연의 의미는 인과의 법칙이 반영된 불교적인 의미와 인과의 법칙을 부인하는 외도적(外道的)인 의미의 용례가 혼용되어 있기 때문에 양자의 구별이 필요하다.

　　『종교학대사전』(1998년, 한국사전연구사)에서는 노자의 얘기를 좀 더 풀

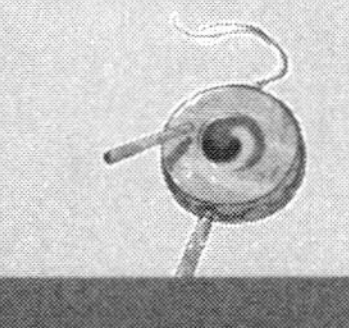

어서 얘기하고 있다(네이버 백과사전).

자연이라는 말은 원래 중국에서 유래한 것이다. 중국에서 자연이라는 말이 최초로 나타난 것은 『노자』에서이다. 자연이라는 것은 원래 맹연(猛然)이나 흔연(欣然)처럼 어느 상태를 나타내는 말이며, 존재를 나타내는 명사는 아니다. 그것은 자신을 의미하는 〈자(自)〉와 상태를 나타내는 접미사 〈연(然)〉으로 이루어지며, 〈자신의 상태〉를 나타내는 것이었다. 그런데 노자는 〈자신〉이라는 것은 인위를 가하지 않고 본래상태이기 때문에, 자연은 무위와 결부해서 〈무위자연〉이라는 숙어도 생겨났다. 자신이 무위라는 것은 또한 물질의 있는 그대로를 존중하는 것이다. 어쨌든 자연이라는 것은 자신에 관해서도 만물에 대해서도 〈인위를 가하지 않은 자신의 상태〉를 의미하며, 오늘날의 자연이 의미하는 삼라만상의 대상적 세계일반을 나타내는 것이 아니었다. 그런 것으로는 오히려 〈천지〉나 〈만물〉이라는 말이 이용되었다. 이런 사정은 〈천지의 자연〉을 주장한 도가에서도, 또한 『논형(論衡)』에서 자연을 논한 왕충에서도 변함없다.

『두산백과』는 생성, 생명력으로 자연을 얘기한다. 그리고 당대적으로 유의미한 본디의 자연 개념은 그리이스의 자연관에 가까우며, 중세와 데카르트 근대의 자연관은 지양 대상이라고 한다.

나와서, 자라고, 쇠약해져, 사멸하며 그 안에서 생명력을 가지고 스스로의 힘으로 생성, 발전하는 것.

그리스에서는 자연을 피시스(physis)라 하였다. 이 말은 피오마이(태어나다)라는 동사에서 유래하며, 본래 '생성(生成)'을 뜻한다. 아리스토텔레스의 정의에 따르면 자연이란 '그 자체 안에 운동의 원리를 가진

것’ 이다. 이와 같은 그리스의 자연관에서는, 자연은 조금도 인간에게 대립하는 것이 아니고 오히려 그러한 생명적 자연의 일부로서 그것에 포괄되어 있다. 자연은 인간에게 대하여 이질적·대립적이 아니고 그것과 동질적으로 조화하고 신(神)마저도 거기에서는 자연을 초월하는 것이 아니고 거기에 내재적이다.

실제로 탈레스의 말처럼 “만물은 신들로 가득 차 있다”. 따라서 여기서 자연을 인식한다는 것은, 근대에서처럼 우리들과 상관없는 이 자연에 밖으로부터 실험(實驗)이라는 ‘고문(拷問)’ 을 가하여 자백시켜 이것을 지배하는 것이 아니고, 우리들에게 친밀한 동질자로서 이것을 안으로부터 직관하고 이해하는 것을 말한다. 결국 그리스에서는 자연은 인간이나 신(神)까지도 포괄하고 살아 있는 그대로의 자연이며 이러한 일종의 ‘범자연주의(汎自然主義)’ 가 밑바탕에 있었다고 말할 수 있다.

『브리태니커』의 정의는 개념의 발전과정을 통해 자연의 뜻을 좀 더 진화시키고 있다.

자연이란, 인간의 의식으로부터 독립하여 존재하는 객관적 실재. 그리스어로는 피시스(physis : 태어나다)라고 하는데 이것은 태어나서 성장하고 쇠퇴하며 사멸하는 것이 자연이라는 뜻으로, 아리스토텔레스의 정의에 따르면 ‘그 자체 안에 운동변화의 원리를 가진 것’ 이다. 그리스인들은 세계를 거대한 동물로 생각했는데 아리스토텔레스가 자연을 다루기 위해 고안한 개념적 도식도 이런 생각을 전제로 하고 있다. 자연은 다양한 사물들이 그들의 특징적인 형태를 실현하기 위해 투쟁하는 영역으로 명확하게 드러나지는 않지만 목적이 자연 전체를 지배하고 있다. 아리스토텔레스가 우주의 물리적·화학적 측면을 몰랐던 것은 아니지만 그는 그것들을 우주의 생물학적인 양상에 종속시켰는데 이는 근대

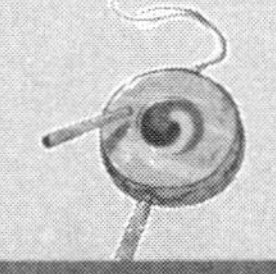

이후의 기계론적 세계관에 익숙한 현대인에게는 놀라운 사실이 될 수도 있다. 물질을 구성하는 4원소(흙·공기·불·물)조차도 각각 우주 안에서 제자리를 찾아 움직이는 것으로 보았다. 이런 견해와 데카르트의 생각은 너무 대조적이다. 데카르트에 따르면 자연은 유기체가 아니라 기계 장치이며 따라서 인간의 정신을 제외하고 동물과 인간의 육체까지를 포함한 그 안의 모든 것은 기계적인 원리에 따라 이해될 수 있다. 데카르트는 그의 이러한 철학으로 17세기초에 나타나 뉴턴까지 이어진 갈릴레오의 새로운 물리학을 지지했다. 하지만 그 자신은 순수한 기계론자는 아니었고, 정신은 자체의 원리에 의해 지배된다고 믿었다. 그러나 그의 저작들은 계몽기에 인간의 정신현상도 물리적 세계와 동일하게 기계적인 해석이 가능하다는 생각으로 발전했다. 칸트도 마지못해 이런 입장을 받아들였는데 그에 따르면 인간의 행동을 포함한 자연 안의 모든 것은 인과관계에 따라 결정된다. 또 도덕적 행위에 있어 인간은 자신을 자유정신 세계의 일부로 생각함으로써 자연의 영역을 벗어나므로, 인간의 존엄성과 특이성이 보존될 수 있다고 보았다. 현대의 자연관은 환경에 대한 인식의 제고로 종래의 기계론적 자연관을 벗어나 서서히 인식의 전환을 시도하고 있다. 특히 최근 한 학자에 의해 제시된 가이아 이론(Gaea theory : 지구를 생명력 있는 유기체로 보는 이론으로 가이아는 그리스 신화의 대지의 여신)은 그리스적 자연관으로 복귀한 듯한 느낌이다.

자연관의 역사적 변천과정을 『종교학대사전』에서 다음과 같이 보충해준다.

현재 우리들이 이용하고 있는 〈자연〉이라는 말은 그리스의 피시스(physis)에까지 거슬러 올라가는 nature 등의 역어로서 자연개념, 자연관의 변천을 살펴보자. 먼저 그리스에서는 피시스라는 어원이 나타내듯이

스스로 생기고, 성장하고, 쇠퇴하고, 죽은 것 일반이 자연이며, 아리스토텔레스가 정의한 것처럼 〈자신 안에 운동변화의 원리를 가진 것〉이 그것이었다. 즉, 고대 그리스에서는 죽이는 무기적 자연이 아니라, 생명 있는 유기적 자연이 자연의 원형이었다. 거기에서 자연은 인간에 대립하는 것이 아니라, 그런 생명적 자연의 일부로서 그에 포함되어 있다. 신 조차도 자연을 초월하는 것이 아니라 그에 내재한다.

결국 그리스에서 자연은 인간이나 신을 그 안에 내포하는 살아있는 통일체이며, 이런 것은 중국의 산수나 인도의 전통적 자연관에 대해서도 거의 동일한 것을 말할 수 있다. 그런데 중세 그리스도교 세계에 들어오자, 위에서 언급한 통일체는 무너지고, 신―인간―자연이라는 계층적 질서가 나타난다. 거기에서는 자연도 인간도 신에 의해서 창조된 것으로, 신은 이들에서 완전히 초월한다. 인간도 자연과 동격이 아니라, 오히려 자연 위에서 이를 지배하고 이용할 권리를 신에게서 받는다. 이런 중세의 자연관은 에리우게나에서 샤르트르 학파를 통해서 R. 베이컨에 이르는 계보에서 점차로 확실한 형태를 취한다.

근대 서구의 자연관도 본질적으로는 이 중세 그리스도교 세계에 포함된 자연관을 계승하고, 더 한층 방법적으로 자작 발전시켰다고 할 수 있다. 즉, 자연을 인간과는 독립 무연한 대립자로서 이를 객관화하고, 이 순수한 타자를 밖에서 여러 가지 조작을 가해서 양적으로 분석하고, 거기에 〈법칙〉을 확립하고 그것을 파악해서 이용하고자 한다. 거기에는 자연에서 인간적 요소로서의 색이나 냄새 등의 〈제2성질〉이나 〈목적의식〉등이 추방되고, 오로지 이를 〈크기〉, 〈형태〉, 〈운동〉 등의 자연자신의 요소로 분해해서 인과적, 수학적으로 해석해가는 근대의 기계론적 자연관(기계론)이 성립하게 된다. 이를 철저하게 수행한 것이 데카르트이다. 그는 이 시나리오를 관철하기 위해서 물체에서 〈실체형상〉이라는 생명원리를 제거하고, 이를 일정한 기하하적 〈연장〉으로 환원하고,

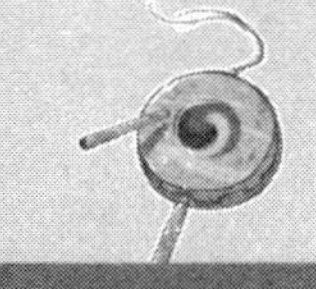

역으로 마음이나 영혼으로 불린 것은 〈순수사유〉로서 순화한다.

이 철저한 이원론 하에서 자연은 단순한 연장으로서, 일체의 심적, 생명적인 것이 결여된 수학적 대상이 된다. 여기에 고대 그리스의 유기적 자연관은 근대의 무기적 자연관으로 대체되며, physis의 역어였던 natura 는 nascor(태어난다)와의 연관을 잘라내어서 자연은 생명없는 일정한 연장을 가늘게 자른 수학적 입자의 장으로서 파악되었다. 근대 서구 자연관의 또 하나의 특징은 F. 베이컨에 의해서 제창된 〈자연지배〉의 이념이다. 거기에서 자연은 미지인 제3자로서 〈실험〉에 의해서 해부되며, 그로서 얻은 지식에 의거해서 지배되며, 현실에 이용되는 것이다. 이것이 〈아는 것이 힘이다〉라고 말했을 때의 그의 새로운 실천적 지식관이며, 〈자연을 지배할 권리를 신으로부터 부여받았다〉라는 정복적 자연관이다. 이렇게 해서 17세기에 성립한 데카르트 = 베이컨적인 근대 자연관은 18세기의 계몽사상을 통해서 그 배후에 있는 신학적 전제를 제거함으로써 세속화되고, 더욱더 무자각적으로 강화되었다. 그것은 한 면에서는 확실히 자연인식의 점에서 많은 성공을 거두고 인류의 물질적 존재를 크게 개선하여, 오늘날의 과학기술문명을 출현시켰다. 그러나 한편으로는 다름아닌 이 근대의 자연관이 공해나 자연파괴와 같은 부정적인 면을 낳고 있는 것도 부정할 수 없을 것이다.

현재는 자연관에서도 우리들은 하나의 전환기에 서있다고 할 수 있을 것이며, 생태학에 대한 관심이나 에코로지 운동의 고양은 이와 같은 동향의 하나의 출현으로 생각된다. 새로운 자연관은 근대의 기계론적 요소주의를 초월해서 자연을 하나의 〈살아있는 시스템〉으로서 재인식하는 동시에, 인간에 의한 〈자연의 지배〉가 아니라, 인간의 〈자연과의 공생〉을 가능하게 하는 것이어야 한다. 그런 〈살아있는 시스템〉으로서의 자연은 먼저 첫 번째로 요소의 단순한 기계론적 오합지졸이 아니며, 요소간의 긴밀한 상호작용을 가진 전체로서 파악해야 한다. 이어서 두

번째로 그것은 환경의 변화 중에서 자율적으로 자기를 보존하는 것이
며, 세 번째는 자기보존만이 아니라 적당한 조건하에서는 새로운 장기
형성을 행할 수 있는 것이다. 네 번째로 인간은 이런 자연시스템 밖에
있는 것이 아니라 그 일원으로서 주위 자연시스템과 조화를 이루어야
한다. 이런 전체적, 자율적이며 자기 형성적인 새로운 시스템적 자연관
은 확실히 근대의 기계론적 자연관에 대립하는데, 그것은 괴이하게도
동양의 자연관과 어떤 점에서는 연계되어 있다고 말할 수 있다.

마지막으로, 「문학비평용어사전」에서는 문학 작품을 들어 시대별 자
연관을 말하고 있다.

자연이란 스스로 생명력을 가지고 나와서 자라다 쇠약해져 사멸하
는 과정을 말하며 생성, 발전하는 우주에 있는 모든 물리적 환경이나 사
물의 현상이다. 동양에서 자연의 용어는 중국에서 유래하였으며,《노자
(老子)》는 '스스로 그냥 있음' 이라했다.

자연질서는 사람이 인위적으로 만든 질서인 규칙이나 습관 즉 도덕
질서인 테미스(themis)와 법질서인 노모스(nomos)와는 대비된다. 인간은
자연을 통해서 테미스와 노모스의 도덕질서를 배우고 탄생하고 소멸하
는 유한적 존재로서 자연과 동질성을 가지면서도 사르트르가 말한 즉자
(卽自)로서의 자연과 대자(對自)로서의 인간 사이에는 피할 수 없는 운명
이 있다. 인간의 영원불멸함, 완전함의 욕망은 우주를 통해서 동질성을
찾을 수밖에 없는 것이다.

자연관을 분류해 보면 서양의 자연관은 그리스 자연관, 근대의 자
연관, 기독교적인 자연관 으로 나눌 수 있다.

이러한 자연관이 나타난 시를 살펴보면 고대 향가에서는 주술성이
나 신성이 내포된 자연을 볼 수 있고 고려시가나 조선조 시가에서는 의

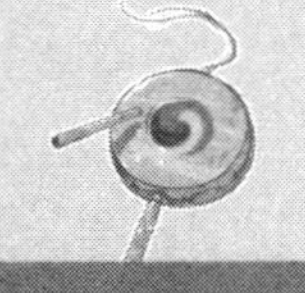

인화된 자연이나 인간의 윤리의식이 동일시된 자연의 노래를 보게 된다.

　　내 벗이 몇이나 하니 수석과 송죽이라
　　동산에 달이 오르니 그 더욱 반갑고야
　　두어라 이 다섯 밖에 또 더하여 무엇하리
– 윤선도 「오우가」 서시

　　개화기 이후 현대시사에서 자연의 존재가 크게 부각된 것은 소월에서부터다.

　　산에는 꽃피네
　　꽃이 피네
　　갈 봄 여름 없이
　　꽃이 피네.
　　산에
　　산에
　　피는 꽃은
　　저만치 혼자서 피어 있네.
– 소월의 「산유화」에서

　　자연은, 스스로 그러하기이며, '본성' 즉 우주나 동물, 인간 등의 본질이며, 자신이 가지고 있는 스스로의 법칙에 의해서 본래적으로 그러함이며, 물질의 있는 그대로를 말하며, 인간의 의식으로부터 독립하여 존재하는 객관적 실재이며, 하나의 〈살아있는 시스템〉이고, 인간은 탄생하고 소멸하는 유한적 존재로서 자연과 동질성을 갖는다고 요약할 수 있다. 즉, 자연은 본성, 본래, 있는 그대로, 객관적 실재인 것이다.

09. 가택신(家宅神)

우리의 문화예술은 놀랄만치 자연과 어울렸다. 늘 삶의 도처에 자연과 소통하고 상생하는 문화적 메카니즘을 만들고 진화시켜왔다. 끊임없이 스스로의 본성으로 살려는 자연관을 가지고 그 속에서 노래와 춤을 벼리고 숙성시켜왔다. 뭇생명과 만물과 어울리면서 실재에 대한 그리움을 정착시키고 그리로 가는 길을 늘 닦아왔다.

스스로부터 스스로 그러하기가 되어 뭇생명들의 스스로 그러하기와 동류되기를 갈망하고, 예우하고, 소통하고 하나 되는 의례를 생활 문화로 정착시켜왔다. 그 중의 하나가 가택신을 만들고 지신밟기를 하는 본성적 통과의례이다.

『문화원형백과』(씨나락, 2005, 한국콘텐츠진흥원)에서는 가택신을 다음과 같이 얘기한다.

가신들은 가택 안팎의 다양한 영역들을 분담하여 가정을 철저히 지키는 수호의 기능을 한다. 대개의 민가에서는 아랫목에 삼신, 윗목에 조상신, 부엌에 조왕신, 광에 업신, 마당에 터주신, 장독대에 천룡신, 문간에 문간신, 우물에 용왕신, 변소에 뒷간신이 있어서 자기가 담당한 그곳을 책임지고 수호함으로 가정이 편안하고 복이 밖으로 새나가는 것을 막아주는 역할을 한다고 믿어졌다.

특히 성주신은 집안 최고의 가신으로서 집 전체를 두루 지키며 평안을 줄 뿐만 아니라, 농사의 풍작에 어려움이 없도록 모든 잡귀의 침투를 막아낸다고 한다. 그리고 집터를 지키는 터주신은 집터 아래 지하에

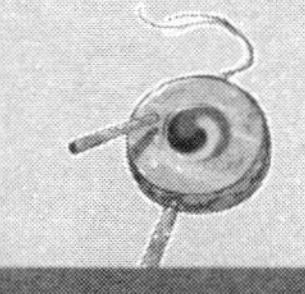

서 올라오는 악한 기운을 막아내고 다른 잡신이나 부정을 막는 신령이기 때문에 가택 수호에 특히 중요한 역할을 한다. 출입문을 지키는 수문신령인 문간신은 외부의 재앙이 집안으로 들어오지 못하게 막는 막중한 임무를 가지고 있다. 옛날의 전통한옥에서 대문 양쪽에 용을 그려 붙여놓는 것을 볼 수 있는데, 이 또한 일종의 문신이라 할 수 있다.

용왕신은 우물을 보호하며 더러운 것으로부터의 침범을 막고 청결을 지켜 항상 깨끗한 물을 인간에게 전해주는 물 수호자다. 장독대의 천룡신은 정결함을 해치는 모든 잡스러운 기운으로부터 장맛을 지켜주며 이는 모든 가족들의 건강과도 직결된다. 이렇듯 집지킴이신들은 인간의 힘으로는 대적하기 힘든 잡귀나 악한 기운으로부터 가택을 보호하고, 가신들의 수호를 받는다고 믿는 집안 사람들은 지극 정성으로 가신들을 섬겼던 것이다.

이러한 가택신을 위무하고 다시 또 집안이 잘 되기를 노래와 춤으로 축원과 덕담을 하는 것이 지신밟기이다.

지신밟기을 요약하자면(「한국민속신앙사전」: 마을신앙 편, 2009, 국립민속박물관),

지신밟기는 정초에 마을굿을 통해 공동신에 대한 의례를 치르고 가가호호의 안녕을 축원하는 신앙적·주술적 의례이다. 마당밟이, 뜰밟이, 집돌이 등으로 부르기도 한다. 이는 지신밟기가 가가호호 순방을 할 때 마당이나 뜰을 시작으로 집 터 곳곳의 지신을 밟기 때문이다. 지신을 밟는다는 것은 집 안 곳곳에 좌정하고 있는 지신이 함부로 발동하지 못하게 하는 동시에 풍물과 축원 등으로 지신을 위한다는 뜻을 담고 있다. 집돌이는 마을에서 날짜를 정해 놓고 하는 동제(당제, 당굿, 당고사) 때 집집마다 순방하는 것을 일컫는 유가돌기, 돌돌이와도 관련이 있다.

지신밟기를 매구(매굿)라고 부르기도 하지만 매구는 지신밟기와 다른 민속의례로 파악된다. 매구는 섣달그믐날 밤에 마을의 각 집을 돌며 풍물을 치는 벽사진경(辟邪進慶) 의례로, 이렇다 할 정해진 절차 없이 풍물소리를 크게 내며 한바탕 치고 다니는 것이 특징이다. 매구가 새해를 맞기 위해 사악한 기운을 쫓는 일종의 나례의식이라면 지신밟기는 정초에 일 년 동안의 안녕과 복덕을 기원하는 초복(招福)의식이라 할 수 있다. 지신밟기는 경기 · 강원 · 영남 · 호남 지방에서 보편적으로 행해졌을 것으로 여겨지는데 특히 영남지방에 지신밟기가 많이 남아 있으며, 영남 · 호남 지방의 일부 지역에서 매구(매굿)가 행해졌음을 알 수 있다.

지신밟기는 집가심(淨化)의 의례이다. 지금 현재, 이승에서 살고 있는 집에 대한 축원 의례, 즉 양택(陽宅)의례이다.

가택신들은 격절신(隔絶神)과 다르다. 신은 저 우주 어딘가에 멀리 떨어져서 사람들이 감사의 상념으로 기도하면 은혜를 주시는 절대적인 존재가 아니다. 그저 인간에게 친숙한 신격(神格)일 뿐이다. 일상의 신격인 것이다.

가택신들은 집안 곳곳에 특정한 처소에 머물고 서로 간섭하지 않는다. 오직 자신의 영역만 관장하고 영향력을 행사한다. 가택신에 대한 지신밟기의 형식은 한 집에 대한 자기 완결적인 집가심의 의례이지만, 사실 그 공동체, 나아가 근대적 공동체 대부분의 사람이 행해왔던 축원의 문화였다. 공동의 가치관이 있고, 문화양식이 있는 것이다. 가택신은 보통 민속신앙으로 여기고 많은 민속신앙이 그렇듯이 아직 알 수 없는 세상의 어떤 힘을 믿고 그 힘을 청하는 존재적 양식의 일환으로 모셔진다. 본성, 본래, 실재의 영역과 소통하고 그 영향을 받자는 것이다. 사람의 일이지만 신격의 도움을 받는 형식을 가지고 자연과 소통하자는 것이다. 가택신은 대자연(大自然)이 한 집안으로, 그리고 넓게는 전국의 모든 집안

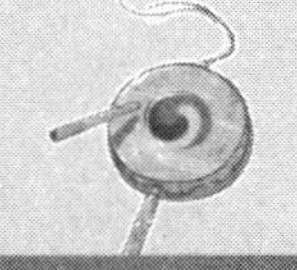

으로 제각각의 집과 처소에 걸맞게 들어온 자연의 표상, 즉 자연격(自然格)이다. 인간이 만들어낸 자연과의 합일에 대한 절절한 고백이자 소통 통로인 것이다.

10. 마을굿

가택신에 대한 지신밟기는 주로 정월달에 하는 세시풍속이지만 사실 마을굿에 속한다. 자체 공동체에서 하거나, 걸립패를 받더라도 마을굿이 된다. 하나하나의 집을 모두 내포하는, 보다 크고 넓은 공동체 전체가 나서서 하는 의례의 일부분이다.

마을굿은 자연 공동체에서 벌어지는 의례이자 예술이자 놀이라는 성격 규정을 받는다. 생산과 혈연, 지연의 결속체라는 성격이 도드라진 공동체를 전제로 한, 하나의 문화양식으로 해석되는 것이다. 특히 1970~80년대에 새로운 의미로 마을굿이 '재생' 될 때, 근대의 두레 조직과 연관되어서 마을굿에 대한 사유가 새로이 출발하기 시작했고, 이것은 마을굿이 공동체성이라는 사회적 함의와 부단히 같이 갈 수 밖에 없는 시각을 갖게 해주었다.

원래 마을굿은 두레라는 조선말기의 생산자 조합으로 강한 공동체를 기반으로 이루어진다. 농경사회의 단위마을 한 개나 몇 개가 조직되어 노동의 효율을 높이기 위해 자생적으로 존재해왔던 이 두레는 공동노동, 공동생산, 상호부조, 민중문화 등의 개념을 통해 우리에게 공동체라는 상과 사유력을 새삼 다시 만들어 주었다.

우리는 세 가지의 유의미한 시대 속에서 마을굿의 이념과 사상을 상

상해내거나 어떤 판단체계를 만들어낼 수 있다.

1. '마차례'의 시기

우리 상고사의 제천의례는 영고(迎鼓), 동맹(東盟), 무천(舞天) 등으로 불리었는데. 이는 순우리말인 '마차례'를 한자의 뜻이나 음가를 빌어 나타낸 말이다

'마차례'는 '마+차+레'이다. '마'는 '참된', '진정한'. '뿌리가 되는' 등의 뜻을 지닌 우리말 어소이다. '차'는 '채움'이라는 뜻을 지니고 있으며, '레'는 '비움'의 의미를 지닌 어소이다. 결국 '마차례'는 '진정한 채움과 비움'의 뜻을 가지고 있다.

한 공동체가 마음을 모아 '비우고 채우는' 통과의례를 통해 공동체 구성원의 동질감을 숙성하고 고양시켜내는 내는 것이 바로 제천이다. '비우고 채우는' 것은 삶과 죽음의 순환상생 차원의 깊이를 가진다. 그 깊이는 당연히 현실의 시간만이 아닌 다른 시간을 요구하는데 그것은 '나와 또 다른 나''를 같이 호출해내야만 가능하다. 또 다른 나는 나의 실재(實在)나 본면목을 칭하며, 특히 상고 시대의 높은 정신사 속에서 충만했던 경지이다. 우리 시대의 표현으로는 집단무의식, 심층의식, 영성 등으로 표현된다. 이 두 가지 시간이 같이 있는 상태를 우리는 신명(神明)이라고 여기며, 신인융합(神人融合), 신인합일(神人合一)의 경지를 말한다. '생명에너지가 고양된 상태'가 되는 것이다.

이러한 의미에서 상고시대의 제천의례는 마을굿에게 원형(archetype) 의식을 준다. 당시의 제천의례 속에 마을굿의 모태 사상이 있는 것이다. 게다가 화백회의라는 당대의 주 관심사에 대한 근본 차원의 민주주의적

회의를 거치고 난 고양된 정신 상태에서 당시의 제천의례는 치루어졌다. 화백회의라는 '사회적 명상'으로 한껏 고양된 몸과 마음의 상태로 신명의례를 치루고 놀이를 하였다. 사흘밤낮을 대동으로 놀게 하는 몰아의 상태, 즉 신명이 있는 것이다. 그 표현 양식에 마을굿의 정신은 원형의식으로 맥락이 닿아있다.

2. 두레의 시기

두레는 마을굿 재생의 길에 밑천을 대주었지만 우리 시대에 당대성으로 지속 발전하는데 이제는 질곡으로 작용하고 있다. 두레 속에서 중요하게 배태된 마을굿이 근대적 공동체의식 속에서 당최 나오려 하지 않기 때문이다.

그러나, 주지하다시피 두레는 부조(扶助)의 노동 조직으로서 그 공동노동의 문화적 효율도 넓혀주었다. 그것이 마을굿의 1차적 형식인 '못방고'이다. 일과 놀이가 같이 되는(같은 시간이 아니라 같은 양식으로) 유토피아의 경지를 상상하고 예감하게 해주었다.

그리고 이 못방고는 당연히 마을굿의 중요한 발전 동력이 되었다.

3. '재생'의 시기

70년대 말부터 마을굿은 재생되기 시작했다. 농경문화의 잔존 형태로 남아 있다가 근대화라는 명목으로 미신으로 휘둘러 괴멸되어가고 있었던 마을굿이 시대정신에 의해 호출당한 것이다.

유신 시대의 정치적 폭압을 뚫으려는 여러 시도 중에 탈춤부흥운동

이 있었다. 이것은 대학가부터 시작되어 그 뜻과 의미와 재미가 대중 속으로 파고 들어가 절대적인 호응을 받자 이 운동은 곧 탄력을 받아 민중문화의 여러 영역으로 파급되었다. 미술, 음악, 춤, 문학…… 등의 예술 영역뿐 아니라, 민중의식의 고양을 위한 여러 교육 활동으로, 그리고 민중들의 삶의 현장으로 시대정신이 접목되어 나갔다. 그리고 국가자본주의의 권력에 맞선 민중들의 대안적 삶의 양식으로서 공동체 의식이 환기되기 시작했다. 민중문화운동이 시작된 것이다.

이러한 흐름과 연관되어 마을굿은 재생되었다. 하나의 문화양식으로 새삼 다시 인식되거나 재현되거나 복권이 된 것이 아니라 재생된 것이다. 새로운 의미로 재조명되고 당대성으로 살아난 것이다. 당시의 시대정신을 실현하려는 위력한 운동 차원으로 민중 속에서 재인식되고 실천되기 시작한 것이다.

마을굿은 재생되자마자 강력한 의미 실현체로서 사회의 각 부문으로 퍼져 들어갔고, 특히 노동운동, 농민운동, 시민운동, 학생운동 등 사회를 진보시키는 적극적 에너지를 갖고 있는 계층에서부터 폭발적인 호응을 가져나가기 시작했다. 수많은 마을굿 단체들이 그들의 삶의 현장에서 삶과 일치시켜나가며 시대정신을 구현하려 했다. 마을굿 정신이 갖고 있는 위대한 힘을 근본적으로 재생시킨 것이다. 그러나 90년대 이후의 바뀐 정세 속에서 민중문화운동은 답보상태로 접어들고, 새로운 가치관이 생성되는 기운과 적절히 조우하지 못한 마을굿도 여타 민중문화와 마찬가지로 조락의 길로 들어섰다.

그렇지만, 마을굿이 시대정신과 만나 근본적으로 재생된 이 경험은 마을굿이 하나의 이념이나 사상으로 발전하는데 가장 기본적이면서도 중심이 되는 패러다임과 그 실천태를 얻은 일로 귀결 되었다. 마을굿이

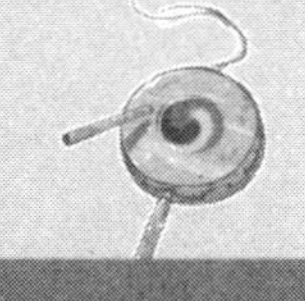

미래 지향되는 근본 힘을 얻은 것이다.

집단신명 창출로서의 '원형의식', 삶의 현장 속에 있는 '두레적 공동체성', '시대정신'과의 조우, 이 세 가지 키워드는 마을굿의 사상을 구성하는 핵심 지표이자 미래지향시킬 여전한 키워드이기도 하다.

흔히 근대적 공동체의 각 단위는 안으로 수렴되는 공동체라고 한다. 각 공동체의 폐쇄성이 문제로 얘기되어진다. 그러나 그러한 폐쇄성을 깨는 여러 가지 시도들이 실제로 있어왔고, 민족이라는 커다란 공동체가 위기에 닥쳤을 때 큰 그릇으로서의 공동체성을 만들어내왔다. 마을굿의 의례나 연행 기제 속에도 그러한 근대적 공동체성을 벗어나려는 미학 사상이 존재해있다. 그것을 볼 시각이 모자란 것이 문제였을 뿐이다. '법고창신(法故創新)' 할 때의 '法', '온고이지신' 할 때의 '溫'에 대한 미학적 관점이 당대성을 충분히 갖지 못해왔다. 민족의 원형의식이라는 근본 밑천, 시대정신과 항상 조우하려는 긴장감, 대안적 공동체로의 발전이라는 축의 사유가 충분히 개진되지 못했던 것이다. 그래서 '법고창신'의 '創'과 '온고이지신'의 '知'가 발전하는 데 밑천과 탄력이 부족할 수 밖에 없었고, 나아가 '온고이지신'의 '而'로 대별되는 긍정과 부정과 계속과 단절과 합종과 변증이라는 발전 과정의 방법들이 충분히 개진되지 못했다. 그렇다면, 이것은 아직도 여전히 마을굿 사상의 발전과 그 실천에 있어서 해볼만한 일이 될 것이며, 충분한 사유력의 유휴지로 작용할 것이다. 즉 비전이라는 것이 그것을 잘 보자라는 것이라면, 우리에게는 아직 잘 보아야 할 것이 여전한 문제 상태로 존재해있는 희망이 있다. 그 희망의 많은 것이 마을굿의 미학 안에 다분히 엿보인다.

마을굿은 기본적으로 리얼타임의 소통구조를 가진다. 이것은 연행

연해주 고려인 마을굿

자, 즉 굿쟁이의 됨됨이와 정성에, 그로부터 나오는 능력(노래와 춤)의 절절한 신장이 더해져야 한다. 굿성을 가져야 하기 때문이다. 굿을 하는 사람이 보여져야지 가락이 먼저 들리면 안되는 것이다. 마을굿의 풍물굿은 무굿처럼 신탁의 능력은 없지만 노래와 춤이라는 홍익(弘益)의 상호 소통 기제가 있다. 노래와 춤은 인류가 사람뿐 아니라 뭇 생명들과 사귀고 조화롭게 살기 위해 늘 발전시켜온 오랜 기제인 것이다. 인류 최고의 유산인 것이다. 게다가 우리 민족에게 노래와 춤이라는 원형적 의미는 자신과 이웃과 모든 생명 있는 것들에 대한 감사의 행위였다. 이 원형의 힘으로 풍물굿이 널리 신명을 내고, 대중들의 삶의 희노애락 속으로 자연스럽게 들어가고 사귈 수가 있는 것이다.

마을굿은 세상의 근본을 현실에서 되돌아보게 하는 지금의, 당대 시간의, 내가 스스로 그러하기가 되기 위한 노래와 춤으로 이루어진다. 그래서 굿을 이루는 연행자들은, 세간 어느 시점에서 하는 나와 우리의 삶

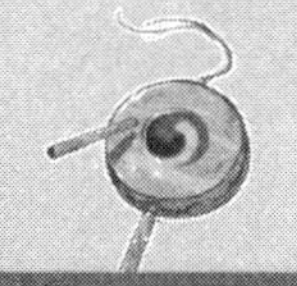

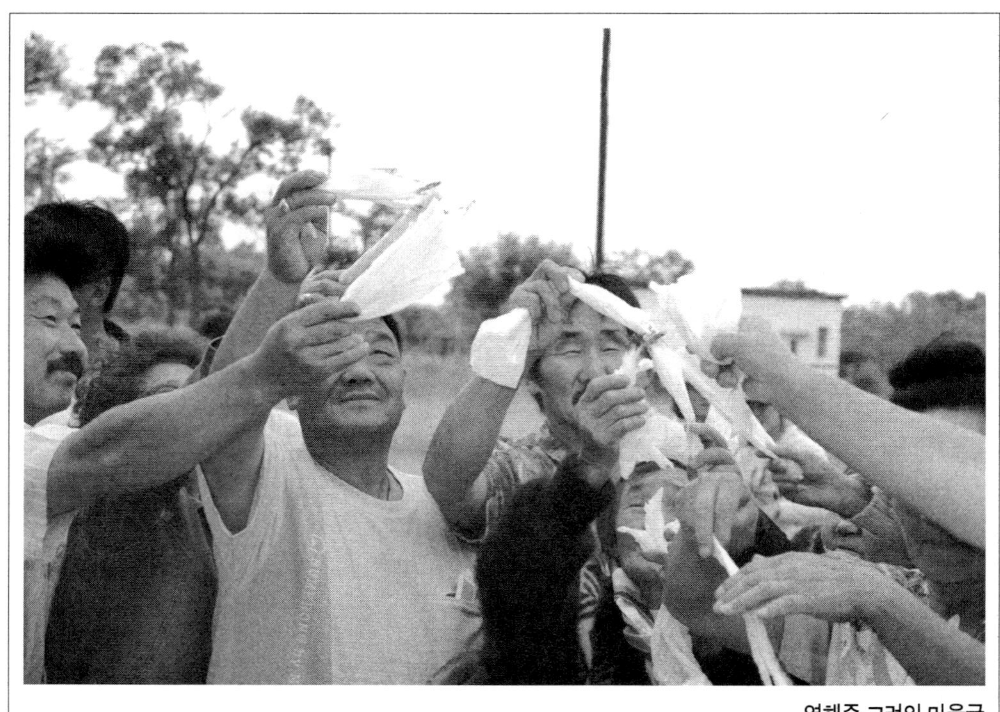
연해주 고려인 마을굿

의 이야기, 근원의 이야기를 하고 그런 태도를 가져야 한다.그래야 마을 굿을 이루는 모든 공동체 구성원도 스스로 그런 상념에 젖을 수밖에 없다. 심층무의식이 호출되고 공감되고, 그래서 나도 몰랐던, 나의 속 깊은 절절한 이야기이어야 한다. 그런 집단무의식이 형성되어야 감동은 창출되고, 자연과 같이 스스로 그러하기가 되는 것이다.

11. 고려인 마을굿

웹적 사유와 예술적 상상력이 점점 더 미래의 키워드가 되어가면서, 그리고 우리 삶의 사회문화적 반경이 한반도를 서서히 벗어나면서, 마을 굿의 원형의식이 새삼 점검되어진다. 앞서 얘기한 제천의 의미가 점점

당대화 되어가고 있고, 또 우리가 다국가 민족이라는 것이 현실의 사회, 경제,문화 차원으로 인식되어지고 있다. 우리 민족은 특히 동북아 차원에서 아주 강력한 다국가민족 인프라를 가지고 있다. 재일동포, 조선족, 고려인이 그 동안 각자의 국가에서 이루어낸 여러 가지 차원의 사회적 기반은 동북아를 하나의 범한족(凡韓族) 권역으로, 즉 새로운 차원의 공동체를 이루어낼 가능성을 가지고 있다. 게다가 이 권역은 우리의 역사적 고토로 항상 인식되고 있으며, 더 근본적으로는 같은 신화와 정신사를 공유하는 곳이다. 원형의 공유와 역사의 공유와 현실 삶의 공유가 지금 현재 있는 곳이다. 말할 수 없는 장점인 것이다. 이것은 우리가 다국가민족으로서 할 일이 있다는 것을 넘어서서, 다민족 다문화가 평화롭게 공존할 수 있다는 것이기도 하다. 미래사회는 패권적인 세계분할과 자본적 경영 차원의 정치경제 블록을 넘어서서 이러한 평화적 문화벨트를 끊임없이 지향해야 하기 때문이다. 마을굿도 이 동북아벨트적인 사고를 가져야 한다. 깊은 '원형' 의식이 있고, 평화벨트라는 '공동체' 적 지향이 있고, 동북아의 다민족 다문화라는 현실 삶의 터전을 이제는 생명과 평화라는 '시대정신' 으로 같이 개척할 무수한 조건과 환경이 존재하기 때문이다. 마을굿은 사실 항상 이러한 가운데에 있지 않았던가?

몇 년 전에 중앙아시아에서 재이주해온 러시아 연해주의 고려인 정착촌인 끄레모바에서 첫 마을제사가 열렸다. 〔마차레 의례예술단〕라는 단체가 이 마을굿을 중심으로 마을제사를 기획하고 그들과 같이 치루어 내었다. 한반도에서 연해주로, 연해주에서 중앙아시아로, 다시 연해주로 140여년간을 항상 강제로 이주당했던 고려인들의 첫 마을제사였다. 4~5대에 걸쳐 수천 km를 오가고 황무지에 버려지면서도, 가족과 이웃의 1/5을 잃어가면서도 그들은 살아왔다. 이쯤되면 이것은 고난이 아니라

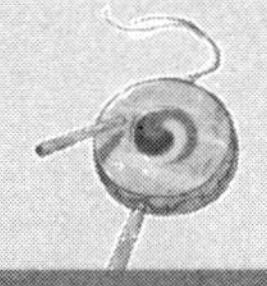

<t 연해주 고려인 마을굿 ㄱ

↖ 연해주 고려인 마을굿 ↗

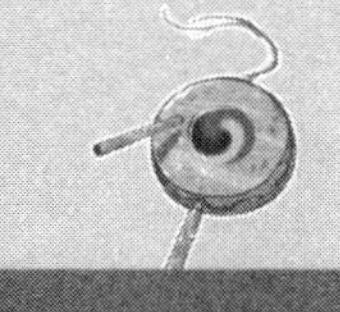

생명스러움 그 자체이다. 이 날 같은 동네에 있던 러시아인들도 덩실덩실 춤을 추었다. 다민족 다문화의 현실 속에서 동북아 문화(평화)벨트 공동체를 실현해내기 위해 마을굿이 그동안 발전시켜온 사상의 힘으로 접목한 사례이다. 마을굿이 다시 그 놓일 자리를 찾기 시작한 것이다. 이것은, 같은 민족 동포과 같이 치르어냈던 하나의 문화양식을 말하는 것이 아니다. 우리가 살아오며 늘 그리워하는 실재를 더불어 만나고 자연성을 재생시키는 존재 차원의 갈망이 우리 민족의 깊은 원형의식으로 공감되었기 때문이다. 자연성이라는 것은, 그것의 문화는 우리 민족이 어디 살든지간에 늘 현재인, 지속적인 리얼리티인 것이다.

12. 정화수(井華水)

정화수는 가장 간소하나 가장 정갈한 제수의 의미가 있다. 물 한 그릇이지만 정화수 한 그릇의 힘은 우리 민족에겐 무척 큰 것이었다. 정화수는 두 가지 조건만 있으면 된다. 우선 몸과 마음이 깨끗해야 한다. 그리고 깨끗한 물이면 된다. 일상에서 비일상의 신격 공간으로 전이되는 것은 물 한 그릇의 정성이면 되었다.

우리의 조상들은 그랬다. 항상 마음이 깨끗한 것을 우선으로 쳤고, 자신의 복과 안녕을 비는 것이 아니라 남의 복과 안녕을 위해 정화수에 기원을 하였다. 늘 새벽마다 일과처럼 정화수 의례를 치르지만, 간구할 일이 깊어지면 찬물에 몸을 깨끗이 씻고 무릎을 꿇고 두 손 모아 간절히 빌었다[4]. 작수성례(酌水成禮), 집안 형편이 여의치 못 하면 정화수 한 그릇을 떠놓고 혼례를 치르기도 했다.

『한국민족문화 대백과』는 정화수를 이렇게 말한다.

첫새벽에 길은 맑고 정한 우물물.

신앙행위의 대상 또는 매체가 되는 우물물이다. '정안수' 라고도 한다. '정화수 떠놓고 빈다.' 는 말이 일러주고 있듯이, 화학적인 맑음보다는 신앙적인 맑음과 정갈함을 더 강하게 함축하고 있다.

정화수는 음료로서 맑은 것이 아니라, 신앙행위의 대상 또는 매체로서 맑은 것이다. 신앙의 대상 또는 매체로서 정화수에 앞서서 신앙의 대상인 우물 그 자체가 있어야 한다. 신성시된 우물 또는 신령의 집인 우물이라는 관념이 정화수라는 관념을 낳게 되기 때문이다. 알영정(關英井)·개성대정, 동제 모시는 마을 우물들을 신앙의 대상이 된 우물의 보기로 들 수 있다.

정화수는 신령에게 빌 때, 신령에게 바치는 제수 또는 공물이라는 의미를 가지게 된다. 가장 간소하나 가장 정갈한 제수로서, 신령에게 비는 사람이 지닌 치성의 극을 상징하게 된다. 이때, 새벽의 맑음과 짝지어진 정화수의 맑음에 비는 사람의 치성의 맑음이 투영되는 것이라고 보아도 좋을 것이다.

부정과 대극이 되는 정함이나 맑음은 우리 나라 사람의 전통신앙에서 매우 큰 뜻과 구실을 지니고 있다. '맑은 마음과 몸으로 정성들여 빈

---

4) 판소리에도 정화수 대목이 나온다.
    〈진양조〉
    그때여 어사또님이 춘향집을 드려다 보니 춘향모친이 단을 묻고 빌고 있거날, 그 때여 춘향모친은 후원에 단을 놓고 새 사발의 정화수(井華水)를 떠서 새 소반에 받쳐넣고 두손 합장 비난 말이 "비나이다 비나이다 천지지신 일월성신 화의동심(和議同心) 허옵소서 임자생 성춘향은 낭군을 위하여 수절하다 명재경각이 되었으니 효자 충신 열녀부터는 하나님이 아신 배라 명천이 감동하사 삼청동 이 몽룡씨 전라 감사나 전라어사나 양단간에 시켜주면 옥중 춘향 살리겠소 . 향단아 단상의 물 갈어라 정성도 오날이요 지성신공도 오날 밖에 또 있느냐? (만정(晚汀)판 춘향가 사설)

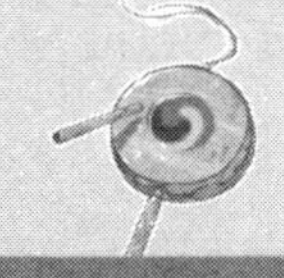

다.'고 하는 흔한 말에서, 맑음과 정성을 믿음의 마음의 두 기둥이라고 말할 만한 근거를 얻게 되기 때문이다. 정화수는 무엇보다 맑음의 상징이 됨으로써, 신령과 인간 사이의 뜻의 오고감을 가능하게 하는 것이다. 이때 정화수는 신앙의 대상이기보다 신앙의 매체라고 보아야 할 것이다. 비념이나 집안의 작은 고사에는 드물지 않게 소반상에 차려진 정화수와 황토만이 쓰인다. 이 경우 정화수만이 유일한 제수구실을 하는 것이다. 조왕신에게 바치는 정화수도 이와 다를 바 없다.

이 정화수는 약 달이는 물로도 쓰일 때[5] 이외는 주로 의례로서의 내용이자 형식이 된다.

의례란 서원을 세우고, 세상을 위해 마음을 내는 것이다. 사소한 일이지만 내가 의식하고, 마음 속에 새로운 바람을 가지고, 기원을 가지고 임할 때 그것은 의례가 된다. 바다가 커보이지만 강물이 모여 된 것이고, 강물은 개울물이, 개울물은 빗물이 모여 이루어진 것이다. 그 빗물 하나의 의미를 밝히는 것, 그것이 바로 의례의 기본이 된다. 거창한 것이 아닐지라도 내가 어디에 있든 내가 해야 할 일의 의미를 명확히 의식하고 행할 때 그것은 의례가 되고, 그 때 빗물 한 방울의 무게와 바다의 무게는 같아진다. 그래서 의례는 나를 바로 세우는 것이며, 세상과 관계 맺는 방식을 기억하게 하는 것이고, 내가 어디로 가는지 깨닫게 하는 것이다.

---

5)　　동의보감에서는 정화수를 이렇게 정의한다.
　　　　이른 새벽에 처음 길은 우물물을 말하는데, 물의 으뜸으로 꼽힌다. 물의 성질은 평(平)하고 맛이 달며 독이 없다. 주로 정성을 들이거나 약을 달이는 데 쓰고, 그릇에 담아서 술이나 식초에 담가 두면 변하지 않는다.
　　　　입에서 냄새가 나는 것을 없애고 얼굴빛을 좋아지게 하며, 눈에 생긴 군살과 막이 눈자위를 가리는 병을 없애 주고 술을 마신 뒤에 생긴 설사도 그치게 하는 것으로 알려졌다. 그 밖에 차를 넣고 달여서 마시거나 머리와 눈을 씻는 데도 좋다고 한다. (〔두산백과〕)

정화수의례

정화수(井華水) 의례는 우리 스스로 정화(淨化)되어 정화(精華)하는, 오래된 민족의례이다.

우리 민족은 별에서 왔고, 다시 별로 돌아간다는 것이 우리 신화의 근본을 이룬다. 칠성님(북두칠성)께 명과 복을 빌고, 세상을 다 하면 칠성판에 누워 다시 별로 돌아가는 뱃노래를 부른다. 우리 신화의 별은 서로 상생하며 어울려 산다. 기본적으로 스타피스(star-peace), 즉 별들의 평화, 우주평화인 것이다.

이러한 평화적 우주 근본의 질서를 우리 어머니들은 우리 삶터에 현실로 현현시켜왔다. 늘 새벽에 일어나 별빛 정기가 담긴 깨끗한 물 한 그릇을 떠 놓고, 오로지 정성과 마음을 다 해 자신들의 자식과 다정한 이웃과 세상의 안녕을 빌었다. 근본적인 상생의식을 후대까지 나른다.

자신의 일상 공간에, 오로지 사람의 정성으로 신격(神格) 공간을 만들

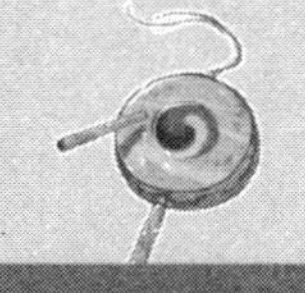

어, 그것으로 세상의 뭇 생명과 자연으로 친해지기 위한 절절한 의례이
다. 자연(自然)이란 '스스로 그러하기'이며, 사람이 세상의 만물들과 어울
리지 않고는 '잘' 살수 없다라는 것이다.

물 한 그릇이 의례가 될 수 있는 힘은 무엇보다 역시 물이 갖고 있는
생명과 재생의 의미이기 때문이다. 우리나라에서 유일하게 신화를 테마
로 하는 전문미술관인 〔오랜미래 신화미술관〕의 학예사인 김선형 선생
과 같이 신화마을 캠프를 운영한 적이 있었는데, 우리 신화에서 물은 어
떤 의미를 가지는가에 대해 캠프 학생들에게 강연한 것을 다음과 같이
정리했다. 우리 신화, 즉 정신사의 원형은 늘 당대의 삶과 문화되어 만나
고 사람들의 구체적 삶과 이리저리 얽히고 소통한다. 물론 이 과정을 통
해 그 원형을 늘 더 깊게 진화해나간다. 오랜 시간 동안 축적된, 우리에
게 물이 주는 의미는, 물은 창조의 원천, 생명의 상징이라는 것이다. 이
러한 의미와 상징의 힘이 있기 때문에 정화수 물 한 그릇은 의례가 될
수 있었고, 사람들이 일상에 신격공간을 만들 수가 있었던 것이다.

물이 우리에게 어떤 의미인지는 물이 생명과 얼마나 직결되어 있는
지를 보면 압니다. 지구의 70%는 물, 사람 몸의 70%도 물, 그리고 태아
는 엄마의 양수 속에서 자라납니다. 우리 태양계의 유일한 초록별인 지
구에 생명체가 생겨난 것도 역시 물이 존재했기 때문입니다. 만약 지구
에 물이 없었다면 우리가 태어나지도 않았겠지요. 이처럼 물은 우주에
서 지구로 날아온 기적의 선물입니다. 생명 그 자체입니다.

1. 창조의 원천 —— 물의 으뜸가는 신화적 상징성은 '창조의 원천'
입니다. 천지개벽이나 신적 존재의 탄생이 물로부터 비롯된다는 신화

모티프는 동서양을 불문하고 동일합니다.

제주도신화 '천지왕본풀이'에서는 암흑과 혼돈상태에 있던 세계가 개벽의 기운에 의해 하늘과 땅이 구분되었고, 하늘에서 청이슬이 내리고, 땅에서 물이슬이 솟아 서로 합수됨으로써 음양상통으로 만물이 생겨나기 시작했다고 합니다.

천지개벽이 어떻게 되었으리까
하늘로부터 조이슬이 내리고
땅으로부터 물이슬이 솟아나서
음양이 상통한즉
천개(天開)는 자(子)하고 지개(地開)는 축(丑)하고 인개(人開)는 인(人)하니……

이렇게 하여 천지인 삼재가 열리게 되었습니다. 천지개벽 이전의 세계는 혼합, 곧 혼돈의 상태였는데 그것이 물(이슬)에 의해 나뉘게 된 것입니다. 이처럼 물은 창조력의 원천, 즉 우주만물이 비롯되고 생성되는 원천인 원수(原水)로서 주로 여성의 생산적 원리를 상징합니다.

중국의 기낙족들 사이에 전승되는 창세신화의 결정판 아모요백 이야기에서 최초의 우주는 오직 물 뿐이었습니다.

아주 오랜 옛날 우주에는 온통 물만 넘실거리고 있었다. 그러던 어느 날 물 속에서 갑자기 거대한 물체가 나왔다. 수많은 세월을 표류한 다음 이 물체가 갈라지면서 어마어마한 힘을 가진 아모요백이라는 여자가 나왔다. 그녀는 발로 그 거대한 물체의 반을 밟고 서서 나머지 반을 손으로 떠밀어 올렸다. 이렇게 하여 반은 위에 있는 하늘이 되었고 반은 아래에 있는 대지가 되었다.

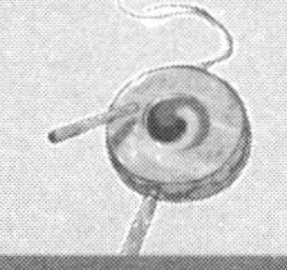

바빌로니아신화를 보아도 생명 창조의 근원은 물입니다.

하늘도 땅도 아직 이름이 없던 시절, 다만 태초에 만물의 아버지 압수Apsu(민물), 어머니 티맛Timat(바닷물)만이 있었다. 그들이 하나로 혼합한 액체 속에서 라흐무Lahmu와 라하무Lahamu가 태어났고, 그들이 자라기도 전에 안샤르Anshar와 키샤르Kishar가 태어났다.

이집트와 근동신화를 토대로 한 성서 속의 창조신화(창세기)에서 물은 하나님의 기운이 머무는 곳입니다.

태초에 하나님이 천지를 창조하시니라. 땅이 혼돈하고 공허하며 흑암이 깊음 위에 있고 하나님의 신은 수면에 운행하시니라.

2. 생산력과 풍요 —— 우리 신화에는 물이 고향인 여신들이 많이 있습니다. 특히 나라를 세운 시조의 어머니나 아내들은 거의 물이 고향입니다. 이처럼 여성과 물과 생산력은 하나입니다.

고구려 시조 동명왕의 어머니 유화는 하백(강의 신)의 딸로 웅심연 출신이고, 신라의 시조 박혁거세는 나정이라는 우물 곁에서, 또 그의 아내 알영은 알영정이라는 우물에서 탄생했습니다. 작제건의 아내 용녀가 서해를 내왕할 때 이용한 곳인 개성의 대정(大井)은 고려 왕조의 성역입니다. 북아메리카 원주민 신화 중에는 자신들이 신성한 연못에서 나왔다고 하는 테와 창조신화가 전합니다.

유화나 알영은 각각 해모수, 박혁거세라는 천신과 만나 후손을 낳았습니다. 하늘 아버지가 물 어머니와 결혼함으로써 위대한 인물들을 낳았다는 것은 물의 생명력과 풍요라는 상징성을 잘 보여줍니다.

3. 재생력 —— 물은 죽은 사람을 살리는 재생(환생)의 기능을 합니다.

대표적인 예가 바리공주신화이지요. 바리공주(바리데기)는 태어나자마자 딸이라는 이유로 버려졌습니다. 그러나 15년 후에 죽어가는 아버지와 어머니를 살리기 위해 죽음을 무릅쓰고 서천서역국까지 가서 가져온 것이 바로 생명꽃과 생명수입니다. 그것으로 이미 죽은 부모를 살려내지요. 이처럼 신화에서는 죽은 사람마저도 생명수로 다시 살려내는 물의 기적을 그려냅니다.

그런데 바리공주가 가져온 그 생명수라는 것이 자기가 매일매일 길어먹던 뒷동산의 약수였습니다. 미처 의식하지는 못했지만 생명수를 매일 마셨던 것이지요. 이처럼 생명의 열쇠는 바로 일상 속에 있었습니다. 우리 역시 날마다 생명수를 마시고 살아가는 것이지요.

4. 정화력 —— 물은 정화의 힘을 갖습니다.

각종 고사나 제사 비념을 할 때 가장 먼저 행하는 일이 목욕재계와 정화수 떠놓기입니다. 이것들은 물의 정화력을 빌려 신과 교응할 수 있는 심신상태를 갖추려는 것입니다. 물을 통한 심신의 정화의식입니다. 많은 종교가 물을 통한 정화의식을 행합니다. 불교의 계욕, 관욕, 기독교의 세례의식 등은 세속의 때와 부정함을 씻고 새로이 정화된 존재로 다시 태어나려는 영혼의 목욕의례입니다.

5. 축복 —— 물은 축복의 의미를 갖습니다.

우리 의례 중에 '고수레' 라는 특유의 몸짓이 있습니다. 물이나 술에 손가락을 담가 주위에 세 번 뿌리는 것인데 이 의례의 의미는 알려지지 않은 채 행위만 답습되어 왔습니다. 주로 부정을 정화한다는 의미로 받아들이고 있습니다만 김봉준 화백이 혹수말갈족을 답사했을 때 끈질긴 탐문 끝에 어느 할머니에게서 그 본래의 의미를 알아낼 수 있었습니다.

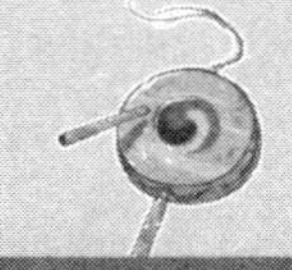

3번의 흩뿌림은 과거에 살다간 사람들, 현재 살고 있는 사람들, 미래에 살 사람들을 위해 축복한다는 의미였습니다. 과거, 현재, 미래, 3세에 걸친 사람들 모두를 통틀어 축복한다는 이 대단한 우주적 스케일의 축복행위는 실로 감탄스럽기까지 합니다. 그런데 더욱 놀라운 것은 여기서 말갈족이 말하는 사람('니')의 뜻이 단지 인간종만 의미하는 것이 아니라 모든 생명체를 통틀어 말한다는 것이지요. 과거, 현재, 미래의 모든 생명들을 축복하는 고수레야말로 동아시아의 생명존중 사상의 결정판이라 할 수 있습니다.

　　* 빨래하는 물어망신화 —— 빨래하는 물어망은 우리 어머니들의 모습입니다.

산할미, 물할미, 영등할미(바람의 여신)은 자연신을 의인화한 우리 고유의 3대 할미신들입니다. 그 중 물어망(물할미)는 물의 생명력 자체가 권위화된 것입니다. 특히 빨래하는 물어망신화(표모신화漂母神話)는 현실화된 여신상의 모습을 단적으로 보여주는 것으로서 성스러운 것과 세속의 것이 결국 하나라는 성속일여의 사상적 측면을 잘 드러내 줍니다.

빨래하는 여신은 우리 신화나 역사 인물들의 설화에 자주 등장합니다. 이들은 일반적으로 매우 평범한 여인이나 할머니의 모습을 하고 나타나 어려움에 처한 주인공들을 도와주는 조력자 역할을 합니다. 바리공주, 자청비, 초나라 왕이 된 한신 등이 모두 빨래하는 여성들로부터 결정적인 도움을 받았습니다. 비록 겉모습은 지극히 평범하나 실은 신성한 물의 여신들입니다.

성씨 시조 설화에도 빨래하는 여인들이 나옵니다. 자식 없이 살던 여자가 냇가에서 빨래를 하다가 튀어오른 잉어에 아이를 배어 낳은 아들이 충주 어씨의 시조가 되었습니다. 역시 아이를 두지 못한 윤씨 부인이 못에서 빨래를 하다가 발견한 상자 속에서 나온 아이가 바로 파평

윤씨의 시조입니다.

한편 『삼국유사』에는 더 극적인 모습의 빨래하는 여신이 나옵니다. 낙산사 관음보살이 월경서답을 빠는 비루하기까지 한 세속 아낙의 모습으로 원효대사 앞에 나타난 것입니다.

그 후에 원효대사가 발자취를 찾아 이곳에 와 예를 올리려고 하였다. 처음에 남쪽 교외에 이르자 논에 흰 옷을 입은 한 여인이 벼를 베고 있었다. 법사가 장난삼아 그 벼를 달라고 하자 여인도 장난조로 벼가 잘 영글지 않았다고 대답하였다. 또 가다가 다리 아래에 도착하니 한 여인이 월경개짐을 빨고 있었다. 법사가 물을 달라고 부탁하자 여인은 그 더러운 물을 떠 바쳤다.

법사는 그 물을 쏟아버리고 다시 물을 떠서 마셨다. 그때 들 가운데 있는 소나무 위에서 파랑새 한 마리가 그를 불러 말하였다.

"제호스님은 그만 두시게."

그리고는 갑자기 사라져 보이지 않고 소나무 아래에 신발 한 짝만이 남아 있었다. 법사가 절에 도착하여 보니 관음보살의 아래에 앞서 보았던 신발의 나머지 한 짝이 있었으므로 아까 만났던 여인이 관음보살의 전신임을 깨달았다. 그 때문에 당시 사람들은 그 소나무를 관음송이라 하였다. 또 법사가 성굴(聖崛)로 들어가 전신의 모습을 보려고 했으나 풍랑이 크게 일어 들어가지 못하고 (그대로)떠났다.

빨래하는 여인들은 겉모습은 비록 우리 어머니, 할머니들의 모습을 하고 있지만 그 정체는 신성한 여신들인 것입니다. 여기서 말하고자 하는 것은 신성한 것과 세속의 것이 결국 하나라는 것이지요. 우리 어머니들도 평생 빨래를 하고 살아가십니다. 여러분들은 여러분의 어머님들이 어쩌면 여신일 거라고 생각하지는 않습니까?

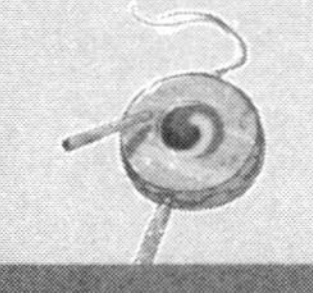

정화수의례

원주의 〔아트코어 굿마을〕이라는 전문예술단체는 이 정화수의례를 법고창신하기 위해 활동하고 있다. 예전의 정화수의례 시공간이 주로 새벽의 장독대였고 혼자 치르는 의례였다면, 이 단체는 현대의 시공간 어디에나 이 의례를 할 수 있도록 하였고, 여러 사람이 어울려서 하는 집단의례로 발전시켰다.

〔아트코어 굿마을〕의 정화수의례굿은 고단한 일상을 살면서도, 문득 우리의 존재 근원을 잠시라도 되돌아볼 시간의 공간을 마련토록 기획되었다. 물 한 그릇이지만 정성과 소망으로 세상에 헌수하며 스스로를 생명꽃(精華)으로 피우게 하는 일을 누리게 하려 하고 있다. 정화수(井華水)는 우물 '정'자와 꽃 '화'자를 쓴다. 우물은 물을 상징하고 물은 생명이라, 정화수는 '생명꽃'의 의미가 되기 때문이다. 그 뜻을 좀 더 깊이 살

리면 정화(精華;가장 순수하고 깨끗한 알짜)의 기운도 된다.

이러한 생명꽃의 의미를 가지고 세상과, 모든 생명 있는 것들과, 가치롭게 살기위해 애쓰는 자기 자신을 위해 다 같이 축원을 한다. 굿소리를 들으며 저마다의 상념을 가지고 세 번의 소지 의식을 통해 세상과 자연으로 상생하며 살기 위한 인사를 한다. 그리고 이 집단의례가 끝나면, 그 힘을 가지고 정화수 공간을 자신의 일상공간으로 가져가 날마다 스스로 정화하는 시간을 가져보게 한다. 정화수 그릇에 물을 담아 받침대 위에 올려놓고, 100일 동안, 매일, 물을 갈도록 요청한다. 집안이나 일하는 곳 어디에나 놓아도 좋고, 어느 때나 해도 좋고, 깨끗하면 어떤 물이라도 상관없고 구체적인 소망 같은 것 굳이 연동 안해도 되고 그냥 정성을 가지고 하시라고 한다. 생명과 재생을 상징하는 물 한 그릇의 의미와 더불어 '정성'[6]의 의미를 강조한다. 어떤 일이든지 100일만 하면 뭔가 달라짐을 느끼듯이 정화는 좋은 기운을 확실히 준다.

그리고 정화수의례의 부의례 재료로 몇 가지 물품(쑥, 한지, 쑥, 조지종이, 초)을 나누어 주는데 다음과 같다. 물론 주의례인 정화수의례의 환경과 의미를 돈독히 해주는 것이기 때문에 해도 좋고 안해도 좋다고 한다.

실은 뭐든지 오래 가게하고픈 바램이다. 안 보이는 좋은 기운을 이곳에서 저 곳으로 이어준다고 한다. 명줄이기도 하고, 좀 깊어지면 이 세상 이전의 세상과 다음 세상까지 이어 준다고 한다.

---

6) 생명과 재생을 상징하는 물 한 그릇의 의미와 더불어 '정성'의 의미를 강조한다. 정성은, "작은 일도 무시하지 않고 최선을 다해야 한다. 작은 일에도 최선을 다하면 정성스럽게 된다. 정성스럽게 되면 겉에 배어 나오고 겉에 배어 나오면 겉으로 드러나고 겉으로 드러나면 이내 밝아지고 밝아지면 남을 감동시키고 남을 감동시키면 이내 변하게 되고 변하면 생육된다. 그러니 오직 세상에서 지극히 정성을 다하는 사람만이 나와 세상을 변하게 할 수 있는 것이다."(중용 23장)

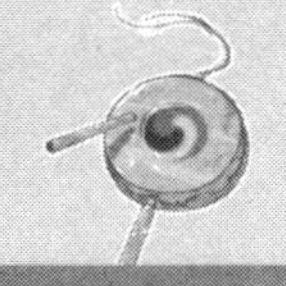

깨끗한 한지는 좋은 기운을 주는 그 무언가에 대한 예단(禮緞)이다. 감사의 상념인 것이다. 어디에 그냥 놓아도 좋고 걸어놓아도 좋다..

쑥은 우리 근원으로 가는 마음가짐을 갖게 해준다. 대추나 밤 크기 정도 몽쳐서 살짝 불붙이면 제 스스로 탄다. 의외로 깊은 향이고 우리 민족의 허브이다.

소지종이는 한 장을 길게 원통이나 원뿔 모양으로 살짝 말아서 옆으로 누인채로 끝에 불을 붙인 다음 어느 정도 타면 세워주면 된다. 그러면 제 스스로 하늘로 올라간다. 헛헛해지거나 속상할 때, 좋은 일 생길 때, 먹먹하거나 표표해질 때, 뭔가 뒤돌아보고 싶을 때, 그리움이 생길 때, 아무 때나 소지해본다.

초는 우리의 정성과 상념이 올라가는 길이다. 가만히 있고 싶을 때, 상념이나 명상에 젖어들고 싶을 때 잠깐 불 붙여본다.

〔아트코어 굿마을〕의 정화수의례는 분주한 일상에서 잠깐 정성 한 번 모으고 마음 한자락 내보는 의례로 우리시대의 생활문화로 정착시키고 있다.

법고창신한 정화수의례는 강화도의 대안학교인 〔마리학교〕에서 2004년에 처음 시작되었다. 수련을 주요 교과로 설정한 중등대안학교인데, 학생, 학부모, 교사가 전원 참여하는 커다란 의례였다. 이후 광양에서 있었던 〔매화결사〕부터 매 해 정화수의례는 전국적으로 확산되기 시작하였다. 평택 대추리에서 싸움 끝나고 이주하기 전 마지막 날, 신화마을과 신화미술관, 보은취회, 연해주, 청주, 원주, 원주풍류굿 등에서 이루어졌고, 이러한 집단의례 후에 각자의 처소로 돌아가 개인의 정화수공간도 여기저기서 만들어졌다.

↖ 정화수의례 강화도 ↗

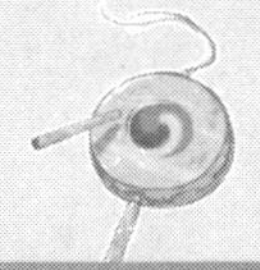

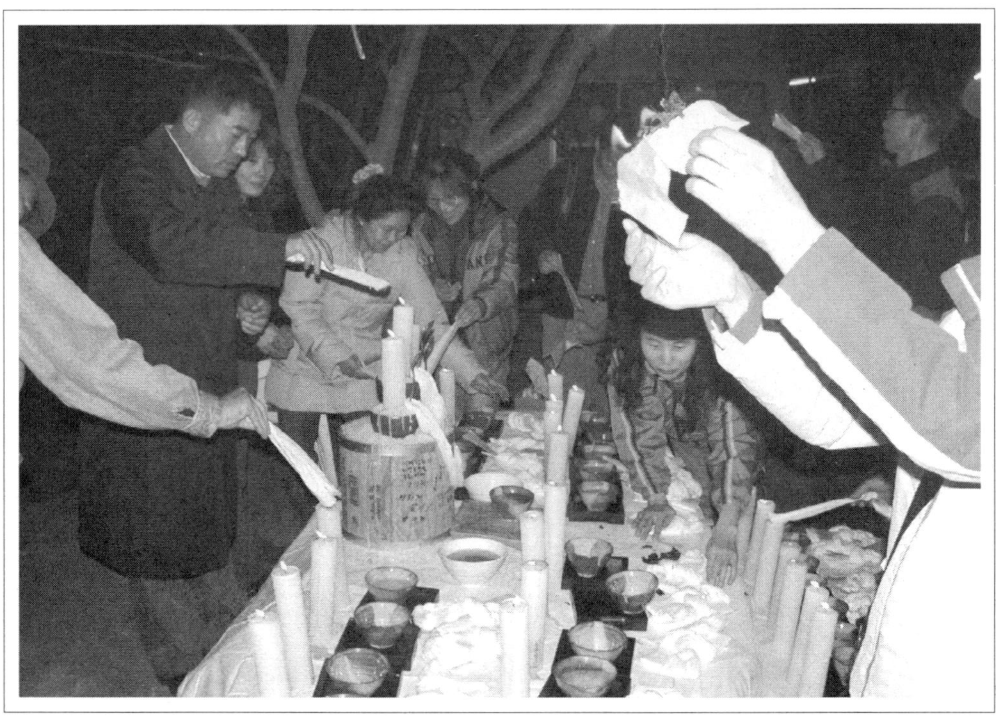

↖ 정화수의례 ― 평택 대추리 마지막 날 ↘

정화수의례 — 평택 대추리 마지막 날

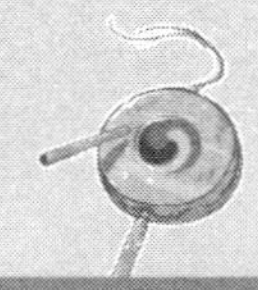

정화수의례 — 평택 대추리 마지막 날

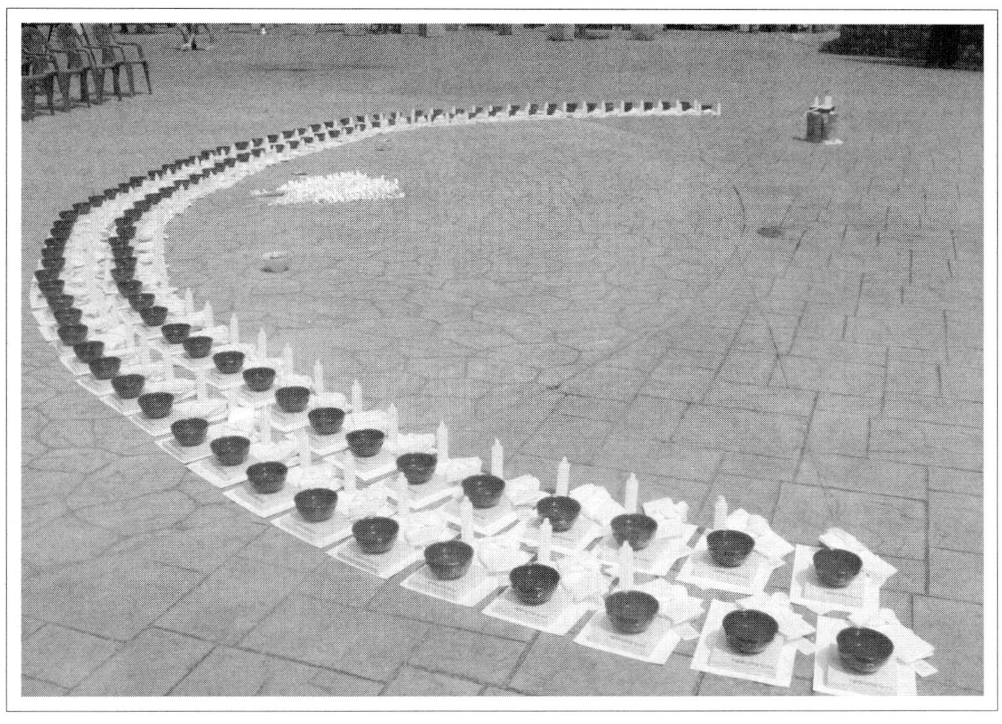

↖ 정화수의례 — 동학 140주년 보은취회 ↗

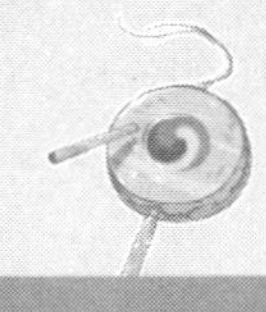

정화수의례 — 신화미술관

↖ 정화수의례 ― 신화마을 ↗

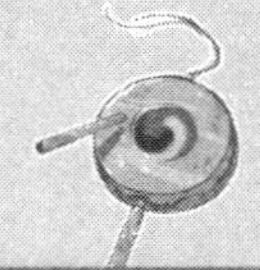

<c 정화수의례 - 신화마을 ⌐

↳ 정화수의례 ― 연해주 고려인의 날 ↰

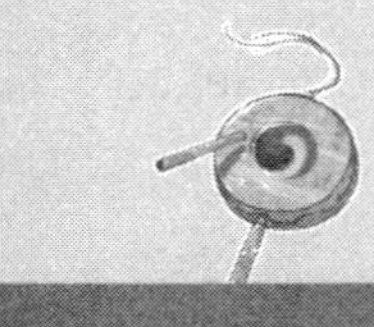

정화수의례 — 청주

정화수의례 ─ 원주 풍류굿

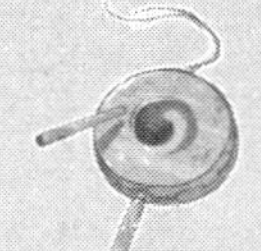

정화수의례 - 원주 풍류굿

↖ 정화수의례 ― 원주 풍류굿 ↗

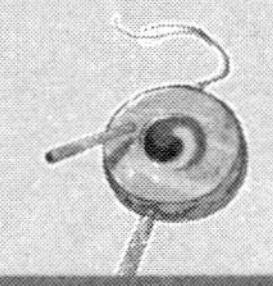

정화수의례 - 개인공간

↶ 정화수의례 ─ 개인공간 ↷

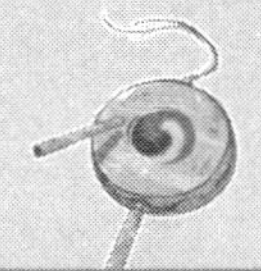

정화수의례 ─ 풍류마을 뒷뜰

정화수의례 ─ 지구 여행학교

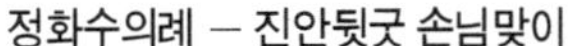

정화수의례 ― 진안뒷굿 손님맞이

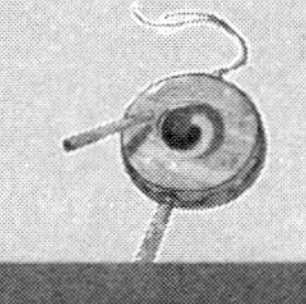

　　정화수의례 물품은 깊은 인연이 닿은 사람에게 개인적으로도 보내졌
다. 감사의 답장이 오는데 그 중 한 분의 사연.

　　오늘 아트코어 굿마을로부터 온 박스하나 받았습니다.
　　처음에 박스를 열고선 이게 무얼까? 실과 한지, 그릇 같은 것이
쌓여져 있는 것을 보고서 뒤적뒤적 궁금해하다 선생님의 편지를 보
았습니다.

　　감동의 눈물이 … …

　　오늘 정말 너무 힘든 날이었어요. 속으로 ‘못해 먹겠다’라는 생
각이 무럭무럭.
　　외롭고 우울하고 이렇게 사는게 짧은 인생에 올바른 것인가 라는
회의도 밀려오고 … …

　　그런데 정화수와 100일 의례물을 받으니 이건 무슨 계시로구나
하는 심정이 듭니다.
　　마음을 바로 잡아 주셔서 고맙습니다.
　　뭔가 계속 울컥울컥 합니다.

　　소중한 마음 받들어서 잘 버티고 예술인들을 위한 사업을 만들고
지키기 위해서 마음을 정갈하게 먹도록 하겠습니다.
　　먼 곳에서 이렇게 마음 써주시는 분들이 계신데 혼자 외로워 하
지 않겠습니다.
　　막힌 게 뚫리듯 눈물이 나네요.
　　오늘 울지 않았다면 아마 암이 되었을지도 모르겠습니다.

　　간다고 약속하고서 전화도 못드리고 가보지 못해 양치기 소년의 미안함이 있었는데

　　더 큰 품으로 안아주시니 따뜻하게 안기겠습니다.

　　주변에 어른들이 안계시니 큰 마음이 더 크게 와 닿네요.

　　정말 고맙습니다.

　　타이밍이 정말 딱 맞아 떨어지셨어요. …… 오늘의 고마움이 아주 오래 어쩌면 평생 갈듯합니다.

　　혹시 서울 오실 일 있을 때 연락주세요. 꼭 술 한 잔 사드리고 싶습니다.

　　마음의 정화 100일 잘 하겠습니다. 100일 끝나는 날 또 인사드리겠습니다.

　　전주 토박이들이 가는 콩나물국밥집은 재래시장인 남문시장 안에 있다. 지금은 원래의 주인이 안 하고 다른 사람이 인수해서 체인점화한 현대옥이다. 그래도 오랫동안 전주사람들과 같이 문화를 형성했던 집이라 여전히 문전성시를 이룬다. 원래 현대옥은 아주 조그만 목로주점같은 형태의 국밥집이었는데, 원래 주인의 철칙 중의 하나는 양념은 손님이 국밥을 주문해야 만들어야 한다는 것이다. 이 주인 아주머니는 여러 가지 양념 재료가 다듬어져 쌓여 있는 커다란 도마 앞에 앉아 있다가 손님이 들어오면 한사람씩 일일이 물어본다. "맵게?, 안 맵게?" 하루종일 딱 이 말밖에 안 한다. 손님이 주문하면 그제서야 마늘을 찧고 파를 다듬는 등 양념을 즉석에서 만든다. 싱싱하다. 그래서 국밥도 늘 싱싱하다. 국밥도 싱싱하고 그 국밥을 먹는 사람도 싱싱해진다. 하루가 개운해진다.

　　이 국밥집 앞에 점빵 커피집이 몇 군데 있다. 요 근래 현대옥 골목이 관광객들에게 유명해지면서 생겨났는데, 어느덧 국밥으로 배를 채운 사

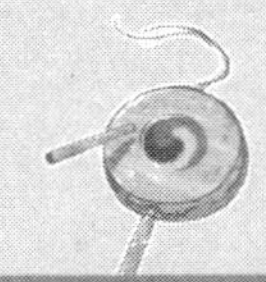

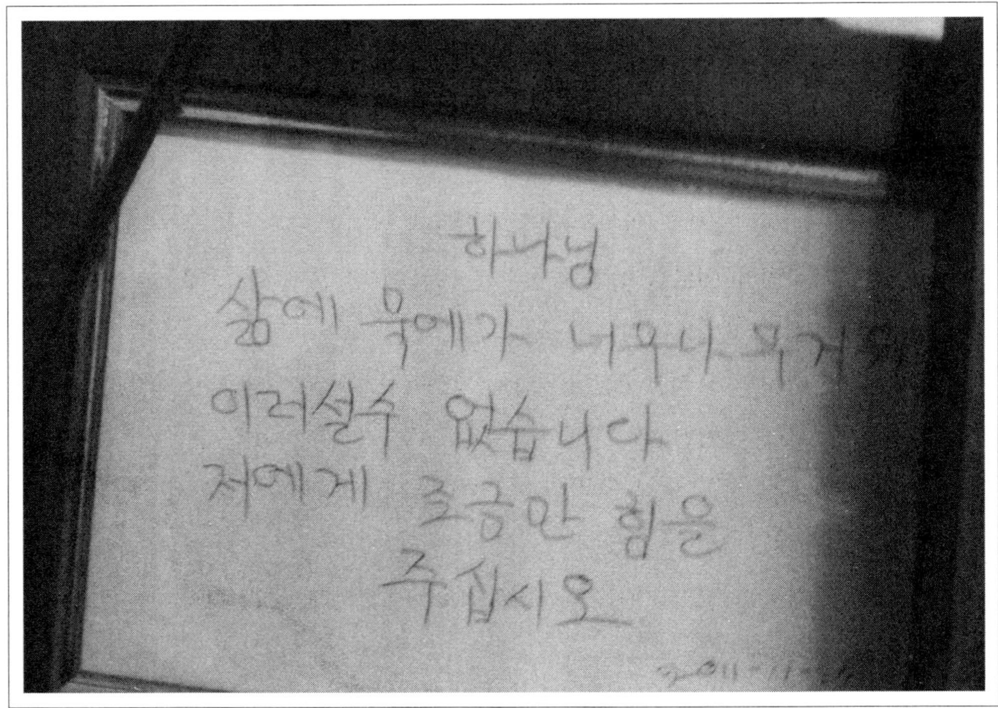

↰ 정화수의례 ─ 전주 남문시장 삶의 무게 ↱

람들이 들러서 커피, 쌍화차 등속으로 후식하는 동선이 그려지면서 이것도 문화되었다. 일이천원하는 커피와 쌍화차를 점빵에서 마시는 맛이 기막히다. 이 집에 정화수공간이 있다. 아침의 깨끗한 물 한 그릇 대신, 자신의 집의 메뉴 중 가장 비싼 이천원 짜리 쌍화차를 정화수로 올린다. 세상의 신산고초가 너무 힘들다는 고백을 한다. 그런데 누구라고 이승이 힘들지 않겠는가. 그래서 그 정화수를 보는 우리도 스스로 더 짠해진다. 아주 고급스런 페이쏘스의 정화수이다.

세상은 아직 실재로 가는 미생이라 도처에, 그리고 여전한 시간이 아직 고행이다. 그럼에도 불구하고 그 희망의 끈을 놓지 않는다. 짠하지만 따스하다. 정화수의례의 리얼리티 한 자락, 정화의 아름다운 물 한 그릇이다.

13. 메나리

율곡 : 임금요 저 물건너 배룩이마한(작은) 땅뗑이(땅덩어리) 사는 엉깨이(여우)같은 종재(종자)들이 시방(지금) 뭔느므(무슨) 잭패를(작당을) 하고 있는 주 아슈?(압니까)

선조 : 짐이 물 건너 일어나는 일을 어떻게 알 수 있겠소. 그것도 작은 외인들의 일을?

율곡 : 자들이 시방(지금) 때거리로 몰래다니미(몰려다니며) 쇠꼽(쇠)으짜들고(두두리고) 발코서(펴서) 지다마한(긴) 조총이라는 거르 맹그는데(만드는데) 궁기가(구멍이) 두겐기(두개인데) 한 개는 눈까리(눈)에 대고 전조서(조준해서) 손가락으 까딱하믄 큰느므(큰) 궁기서는 배락으치미(벼락소리를

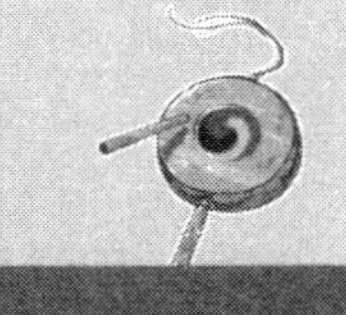

내며)……우리도 장쟁이르(젊은 군인을) 십만으 키워야되요”

　선조 : 지금 무슨 말을 하는지 도저히 알아들을 수 없으니 표준말인 서울말로 해보시오

　율곡 : 싫어요. 서울말이 을메나(얼마나) 어려운데요. 난 강릉사람이게 때문에 강릉 말으(말을) 끝까지 할끼래요”

　조선시대 선조 임금은 왜 율곡 이이 선생의 ‘십만양병설’ 을 무시했을까? 강릉 출신 율곡 이이 선생이 선조 임금에게 십만양병설을 간언한 내용을 사투리로 재미있게 엮은 것이다. 강릉사투리보존회에서 만들어 낸 관광 상품 ‘강릉사투리 손수건’ 에 적혀있다. 손수건에는 선조 임금이 율곡 선생의 사투리를 알아듣지 못해 임진왜란이 일어났다는 설정이 담겨있다.

　전형적인 강원도 사투리이다. 말인데, 운율이 있다. 그래서 감칠맛이 있다. ‘문화맛’인 것이다. 말 속에 따라 들어가면 선율이 느껴지고 한 참 젖어들면 그 선율을 타게 된다. 이 몸 속 선율을 먼 데 한 숨 한 자락으로 툭 뱉어내면 아라리가 되고 메나리가 된다. 메나리 토리인 것이다.

　전라도에 사는 두 친구들이 술 한 잔 걸치고 대화하는 걸 가만히 들어보면, 둘이 댓거리 하는 것이 흡사 판소리 아니리하는 것 같다. 중모리 조로 느릿느릿하다가 혹 언성이 높아지고 말싸움이라도 벌어지면 자진모리, 휘모리로 우당탕탕 굴러가는 강약고저가 완연한 판소리가 된다. 전라도 사투리 운율인 것이다. 말이 말로부터 소리가 된다. 일상이 판소리 운율인 것이다. 전라도의 말은 인생 살아가는 희노애락이 그대로 뚝뚝 묻어난다. 강직하게 드러낸다. 육자백이 토리인 것이다.

말이, 사투리가, 소리로, 토리가 되는 아름다운 노래는 육자백이토리와 메나리 토리가 완연한 특색이 있다. 시나위 토리는 삶의 희노애락이 눈 앞에서 파노라마로 펼쳐지는 현실태(現實態) 서정이 있고, 메나리 토리는 뗏목타고 작은 여울을 담담하게 흐르는 속 선율이 깊은 상념을 만들어준다. 시나위는 신명을 불러일으켜 실재로 쳐들어가고, 메나리는 스스로 상념이 되어 실재로 흘러들어간다. 사람이 현실 존재로서 노래한다는 의미가 각자의 토리로서 절절한 존재 갈망이 되는 것이다. 삶의 양식이 되는 탁월한 노래인 것이다.

메나리 문화는, 우리 민족문화의 토양을 무척이나 속 깊이 자기화했다. 거기에다 지역 삶의 특성을, 그들의 서정을, 감수성을, 그들의 말을 차근히 훌륭하게 덧붙여 왔다. 그리고 그것을 그대로 드러내지 않고 속 선율로 숙성시켜 먼 데에서 작은 여울을 타고 오는, 실재에 대한 상념에 젖게 하는 아름다운 토리를 만들어내었다.

노래하는 나와 그것을 바라보는 나라는 기제를 통한 평조 같은 담담한 정서와 선율을 만들어내었는데, 그 겉보기 안에 무수한 신산고초가 벼려지고 숙성된 힘, 즉 노래 내면의 힘과, 그것이 호출해낸 실재의 힘, 그 둘이 같이 있는, 존재론 차원의 깊이(恨).

삶을 재생(再生)시키는 강력한 통과의례로 여겨 순례하는, 실재(實在)에 대한 그리움(해맞이).

그러한 근기로 자신에 대한, 자신의 세상살이에 대한 또 한 번의 서원(誓願)을 하는 것(돌무더기).

아주 오랜 세월동안 늘 미륵을 꿈꾸어왔던, 그것이 또 늘 현실인, 그 속에서 주어진 시간의 삶을 사는 사람들에게 늘 익숙한 그런 시간을 스스로 통과의례(埋香).

스스로 하늘인, 하늘이고자 하는 생명들이지만 아직 미망(迷妄)인, 근원으로는 미생(未生)인, 간절한 생명들. 그러나 이미 구백 구십 구개의 미륵을 세우고 모신, 이미 생령(生靈)인 사람들(千佛千塔).

바람, 흐름, 결 속에서 영혼을 가진 뭇 생명들이 나고 산다는 접화

군생(기도깃발, 풍류(風流))

　자연(自然)은, 스스로 그러하기이며, '본성' 즉 우주나 동물, 인간 등의
본질이며, 자신이 가지고 있는 스스로의 법칙에 의해서 본래적으로 그러함
이며, 물질의 있는 그대로를 말하며, 인간의 의식으로부터 독립하여 존재하
는 객관적 실재이며, 하나의 〈살아있는 시스템〉이고, 인간은 탄생하고 소멸
하는 유한적 존재로서 자연과 동질성을 갖는 것(自然性).

　스스로부터 스스로 그러하기가 되어 뭇 생명들의 스스로 그러하기와 동
류되기를 갈망하고, 예우하고, 소통하고 하나 되는 의례(지신밟기).

　노래와 춤이라는 홍익(弘益)의 상호 소통 기제는 인류가 사람뿐 아니라
뭇 생명들과 사귀고 조화롭게 살기 위해 늘 발전시켜온 오랜 기제인 것. 우
리 민족에게 노래와 춤이라는 원형적 의미는 자신과 이웃과 모든 생명 있는
것들에 대한 감사의 행위. 이것들로 집단무의식을 형성하고 감동을 창출(마
을굿).

　자신의 일상 공간에, 오로지 사람의 정성으로 신격(神格) 공간을 만들어,
우리 스스로 정화(淨化)되어 정화(精華)되어 그것으로 세상의 뭇 생명과 자연
으로 친해지기 위한 절절한 의례(精華水)

　이 모든 힘을 메나리는 자신의 문화토양으로 저며 놓았다.

　메나리는, 메나리 미학은, 삶의 시간을, 신산고초의 고단한 삶을, 먼 데
서 오는 한 숨 한 자락으로 전이시켜 우리를 근원에 대한 상념으로 접어들
게 한다. 익숙하지만 느닷없이, 간헐적으로 오는 그 한 숨은 근본적으로 크

고 밝은 그 무엇(etwas)이자 현실의 서정이다. 우리가 늘 그리워하는 존재 근원으로 가는 사유의 접점을 만들어주는 것이다. 삶에 대한 한(恨)은, 삶의 구체적 질곡에 대한 안타까운 맺힘으로 드러나지만 사실 우리 존재근원에 대한 삶이 현실에서 모자라기 때문에 생겨난, 그리움이 쌓이고 쌓인 것이다. 삶의 구체적 현실에서 우리는 강한 에고덩어리로 뭉쳐서 습관화된 삶을 살아가야 하기 때문이다. 그래서 우리는 근원에 대한 그리움을 가질 수밖에 없고, 그 그리움을 노래 한 자락으로 전이, 승화시켜낸 것 중 하나가, 그러한 깊은 서정을 가진 것이 정선아라리이고, 메나리 토리인 것이다.

메나리는 만물이 스스로 그러하기(自然)로 실재(實在)에 대한 그리움을 모아 늘 그리로 가는 담담연연(淡淡然然)한 길굿이다.

눈이~ 올라~나~~ 비가~ 올라~나~~ ~
억수~장마~ 질~라~~나~~ ~
만~수~~산~ 검은~ 구름~이~~ 막 몰~려~~온~~다~~ ~

정선아리랑,
가사와 내용

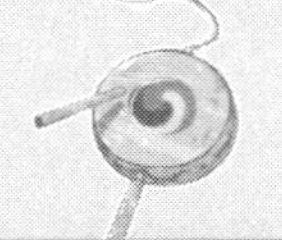

정선아리랑, 가사와 내용

01. 〔정선아리랑문화재단〕의 정선아리랑 가사

현재는 크게 산수편과 애정편으로 분류하여 게제되어있다.(정선아리랑문화
재단(http://www.jacf.or) / 정선아리랑 저장소)*

가. 산수편(1)

눈이 올라나 비가 올라나 억수장마 질라나
만수산 검은 구름이 막 모여든다

명사십리가 아니라면은 해당화는 왜 피며
모춘삼월이 아니라면은 두견새는 왜 울어

이 노래는 정선아리랑의 시원을 이루는 노래로서 지금으로부터 600여년 전
고려조가 망하게 되자 이제까지 관직에 있던 선비들이 이를 비관하여 송도에서

---

* 정선아리랑재단에서 발간한, 유명희의 『정선아리랑 길라잡이』(2012년)에는 보다 세분하여
분류하였고, 설명을 덧붙였다. 시대를 볼 수 있는 정선아리랑, 일하면서 부르는 정선아리
랑, 삶의 고난을 보여주는 정선아리랑, 사랑의노래 정선아리랑, 무릉도원을 그린 정선아
리랑으로 분류하였다. 이 책자는. 홈페이지에서 PDF파일로 볼 수 있다.
(http://www.jacf.or.kr/Board/read.asp.)

두문불출 은신하다가 정선에 은거지를 옮겨 지금의 거칠현동과 백이산을 소여하면서 이제까지 섬기던 고려왕조가 그냥 망하고 말 것인가 그렇지 않으면 다시 계승될 것인지 송도에는 험악한 구름이 모여드는 시운을 한탄하고 쓰라린 회포를 달래며 부른 노래이고 대사는 이러한 어려운 때가 아니라면은 자기들이 모든 것을 등지고 쓸쓸한 이 산중에서 울부짖으며 살아 가지 않을 것이라는 심정을 읊은 것이다. 정선아리랑의 가락이 구슬프고 구성진 곡조를 지닌 것은 이러한 한탄과 시름을 읊조리게 된데 연유한 것이다.

강초일일[1]에 환수생[2]하니

강물만 푸르러도 고향 생각 나네

무협[3]이 냉냉하여 비세정[4]하니

인생차세에 무엇을 하나

1) 강가의 풀이 나날이 푸르러 짐
2) 수심이 다시 일어남
3) 서독 땅 무협이란 곳이 차고차서
4) 세상의 정이 아님

고려조가 망함에 불사이군의 충의를 지키기 위하여 정선에 낙향한 선비들이 부른 노래로 그들이 겪고 있는 쓰라림이 마치 오랜 옛날 당명황시대에 서독으로 쫓기어 가서 갖은 고생을 다한 두포의 처지와 같음으로 두포의 수에 관한 시에다 자기들의 심정을 첨가하여 부른 노래로 정선에 와서 첫봄을 맞으니 지난 날 뜻을 펴려고 하던 시절의 회상과 다정했던 벗들과 헤어진 외로움 그리고 지난날에 살아오던 갖가지의 그리운 일들이 꼬리를 물어 떠오르는 향수를 달래고 이러한 산간에 와서 남아로서 국운을 바로 잡지 못하고 은신만 하고 있는 자신을 비관하며 부른 노래이다.

강산고택[1]에 공문조[2]하거든
운우황태[3]에 기몽사[4]라던가

야월삼경[5]에 저 두견아
촉국흥망[6]이 어제와 오늘에 아니거든
어찌하여 저다지 슬피우나

1) 강산의 옛집에
2) 훌륭하게 잘 된 문장이 없음.
   '문조'는 글재주를 이르는 말
3) 구름 비 거친 들판에
4) 몇 번이나 꿈에 생각하였느냐
5) 달밝은 삼경
6) 촉나라의 흥하고 망함

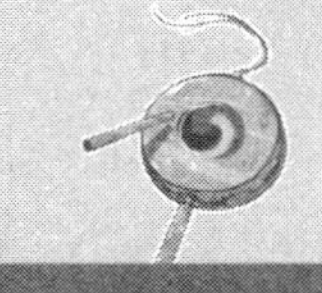

금준미주[1]는 천인의 혈이요
옥반가효[2]는 만성고[3]라
촉루낙시[4]에 민루낙[5]이요
가성고처[6]는 원성고[7]라

1) 금동이에 든 좋은 술
2) 옥반에 얹어 놓은 맛 있는 안주
3) 많은 백성의 기름　　4) 촛물이 떨어질 때
5) 백성의 눈물이 떨어 짐　6) 노래 소리 높은 곳
7) 원망의 소리가 높다

이 노래는 춘향전에서 나오는 글로 이어사가 변사또 생일잔치에서 불청객으로 참석하여 관가의 행패가 백성에게 끼치는 피해를 읊은 글로 그 옛날 이 지방의 백성들이 폭정에 대하여 원망을 하며 이 곡을 아리랑 곡에 맞추어 부르며 억울한 마음을 달랬던 흔적이 담긴 노래이기도 하다.

아침 저녁 돌아가는 구름은 산끝에서 자는데
예와 이제 흐르는 물은 돌뿌리에서만 운다

이 노래는 90여년 전인 1916년(한일합방후 6년)에 화암면의 최명집씨가 지어 부르던 노래로서 한일합방으로 나라를 잃은 슬픔을 되씹으며 일본이 아무리 무서운 정치탄압을 한다 하더라도 우리 민족혼은 어쩔 수 없음을 노래한 것이다.

석새베[1] 곤방치마를 입었을 망정
네까짓 하이칼라[2]는 눈밑으로 돈다

1) 베 옷감 중 가장 엉성한 것
2) 신사 또는 멋쟁이(여기서는 일본인의 앞잡이)

일제초기에 불리어진 노래로 국권을 빼앗기고 억눌려 천하게 살지만 민족과 국가를 배반하고 일본놈의 앞잡이로 날뛰는 인간들은 사람으로 보지 않는다는 배일과 항일을 노래한 것이다.

금도 싫고 은도 싫고 문전옥답 내 다 싫어
만주벌판 신경뜰을 우리 조선 주게

대관령 국수성황님 절이나 믿고 사시지
정선읍내야 우리들은야 나랏님 믿고 삽시다
앞 남산의 저 두견새는
고국을 못가서 불여귀를 부른다

앞 남산의 뻐꾸기는 초성도 좋다
세살 때 듣던 목소리 변치도 않았네

삼십육년간 피지 못 하던 무궁화꽃은
을유년 팔월십오일에 만발하였네

사발 그릇이 깨어지며는 두 셋 쪽이 나는데
삼팔선이 깨어지며는 한덩어리로 뭉친다

이북산 붉은 꽃은 낙화만 되어라
우리 조선 무궁화가 갱소생했다

앞 남산의 호랑나비는 왕거미줄이 원수요
시방시체[1] 청년들은 삼팔선이 원수다

공동묘지의 쇠스랑 귀신아 무얼 먹고 사느냐
이북의 김일성이는 왜 안 잡아가나

국태민안 시화연풍은 우리 땅에 왔건만
불공대천지 원수는 공산당이로다

세상천지에 만물지법은 다 잘 마련했건만
존비귀천은 왜 마련했나
조선팔도의 만물지법은 다 잘 마련했건만

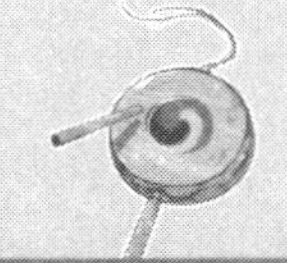

청춘과부 수절법은야 누가 마련했나

동지섣달 문풍지는 닐리리만 부는데
정선읍내 병사 가가리[2]는 청년들만 찾네
한짝 다리를 덜렁 들어서 부산 연락선에 언고서
고향산천을 되돌아 보니는 눈물이 뱅뱅 돈다

만첩산중에 호랑나비는 말거무줄이 원수요
지금시대 청년들은 삼팔선이 원수다

일년일도에 피는 감자꽃도 삼재팔란을 적는데
우리 젊은 몸 밀로생겨 만고풍상 다 적나

1) 지금시대
2) 계원, 그 일을 맞은 사람의
   일본말

나. 산수편(2)

이웃집은 다문다문 산은야 울우리 창창하니
산수 좋고 인심 좋아서 무릉도원일세

민첩산중에 들새들은 숲에서나 우는데
달이야 밝거들랑 배 띄워 놓고서 놉시다

위의 두 가사는 이조시대의 이석균이가 이 고을 군수로 도임하여 보니 인가는 드문드문하며 나무 숲이 우거져 울울창창하고 인심과 풍속이 좋아 뜻하지 아니 하게 이곳에서 무릉도원을 봄과, 산들은 고요한데 새들만이 숲속에서 지저귀며 사람들은 달 밝은 밤에 맑은 강에 배를 띄워 놓고 노니는 것을 보고 찬미하며 읊은 한시를 아리랑으로 부른 것이라고 한다.

정선의 구명은 무릉도원 아니냐
무릉도원은 어데 가고서 산만 충충하네

고려 충열왕시 정선을 도원이라 호칭하였을 때에 읍터가 남면 증산에 있다가 그 후 공민완시대에 읍터를 정선으로 옮기게 되었다. 이때부터 이 고장을 산자수려하고 인심 좋아 사람이 살기 좋은 선경이라하여 무릉도원이라 불리어 오고 있다. 이 노래는 읍터가 무릉에서 정선으로 옮겨진 후 증산 일대의 쓸쓸한 모습을 읊은 노래이다.

> 일 강릉 이 춘천 삼 원주라하여도
> 놀기 좋고 살기 좋은 동면 화암이로다
>
> 아질아질 성마령[1] 야속하다 관음베루[2]
> 지옥같은 정선읍내 십년간들 어이가리
>
> 아질아질 꽃베루[3] 지루하다 성마령
> 지옥같은 이 정선을 누굴따라 나 여기 왔나

1) 평창과 정선 사이에 있는 재로서 예날 정선의 관문이다. 원님이 가마를 타고 이 재를 넘어 오고 넘어 갔다.
2) 정선으로 들어오는 낭떨어지 길(구로)
3) 북면 남평과 여량 사이에 있는 낭떠러지 길 이름

이 노래는 이조 중엽 이 고을에서 선정을 베푼 오횡묵 군수부인이 지었다는 노래로 원님 부임시 가마를 타고 같이 정선으로 오는데 높고 험한 성마령을 넘고 지루한 관음베루를 지나는 동안 생전 처음 지나보는 험한 길이어서 참기 어려운 고생을 하고 울면서 들어온 심정을 읊은 노래라 하며 군수부인은 떠날 때도 울고 갔다 한다. 옛날 이 고장에 부인한 군수들은 처음 올 때에는 산골에 간다는 서러움과 도임도중 길이 험하여 울면서 들어와서 여기서 살아보니 산수 좋고 인심이 좋아 다른 어느 곳보다도 정들이고 살다가 다시 떠나려 하니 떠나기가 싫어서 울고 떠났다 하여 「울고 왔다 울고 간다」는 곳으로 이름 지어졌다.

> 맨드라미 줄봉숭아는 토담이 붉어 좋고요
> 앞 남산 철쭉꽃은 강산이 붉어 좋다

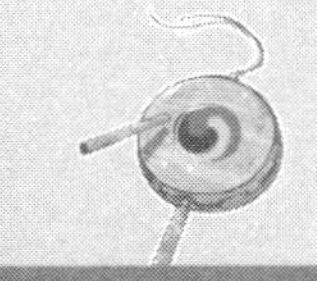

정선같이 살기 좋은 곳 놀러 한 번 오세요
검은 산 물밑이라도 해당화가 핍니다

나물 바구니 둘러메고 동산 나물을 가니
동삼에 쌓였던 마음이 다 풀리는 구나

봄철인지 갈철인지 나는 몰랐더니
뒷동산 도화춘절이 날 알려주네

일락 서산에 해 떨어지고
월출 동령에 달이 솟았네

창밖에 오는 비는 구성지게 오잔나
비끝에 돋는 달은 유정도나 하구나

앞 남산 적설이 다진토록 봄소식을 몰랐더니
비봉산 행화춘절이 날 알려주네

정선에 낙향한 선비가 정선에 와 보니 과연 무릉도원으로서 선경이며 피난
처로 이름난 산들이 많으며 험한 세파를 멀리한 이 곳은 다만 아름다운 자연속
에서 인정과 믿음의 가화만이 피어 있는 곳이라는 것과 이러한 곳에서 풍월만
을 벗삼고 살아가니 세태가 어떻게 돌아가는지 전연 알 필요가 없으며 다만 뒷
동산에 살구꽃이 피면 봄철임을 알 뿐이라는 낙향선비의 노래라 한다.

저 건너 저 산이 계룡산이 아니냐
오동지 섣달에도 진달래가 핀다

정선 사십리 발구럭 십리에 삼산 한치인데
의병 난리가 났을 때도 피난지로다

강원도 금강산 제일가는 소나무
경복궁 대들보로 다 나가네

정선앞 한강수는 소리없이 흐르고
옛 조상 옛 시는 변함이 없다

만첩산중에 썩 들어 가니
두견새 접동새가 스슬피만 운다

앞 남산 불 뼁대 끝에는 솔개미 한쌍이 돌고
늘어진 나무가지엔 꾀꼬리 한쌍이 돈다

앞 남산의 참매미는 초성도 좋다
하시장철 울고 울어도 변치를 않았네

동백나무 상가지야 내 연설을 들어라
날 상봉 하려거든 자잠뿍[1]이나 열게

1) 많이 많이

앞 남산 참뻐꾸기는 초성도 좋다
세살때 듣던 목소리 변치도 않았네

춘삼월에 피는 꽃은 할미꽃이 아니요
동면산천 돌산바위에 진달래 핀다

둥둥에 잿마루에 신배나무 심어서
오시는 님 가시는 님의 정자나무 합시다

비행기재 말랑이 자물쇠 형국인지
한 번만 넘어오시면 갈줄 몰라요

솔부둑이 쓸만 한 것은 전봇대로 나가고
논밭전지 쓸만한 것은 신작로 나가네

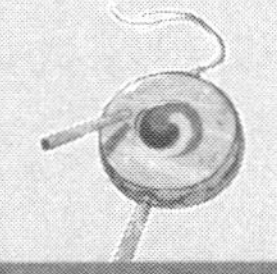

고향을 등진지 이십여년인데
살기 좋고 인심 좋아 나는 못가겠네

영월은 덥보가 있어도 어름만 어는데
정선 동면은 약수가 있어도 사람만 죽나요

다. 애정편

〈초정(初情)〉
조제림하(鳥啼林下)에 누난간(淚難幹)[1]은
그대가 못봐서 원한이로다

화소헌전(花笑軒前)에 성미청(聲未聽)[2]은
음성조차 돈절(頓絶)이라네

1) 새는 숲속에서 울어도 그의 눈물
   을 보기가 어렵다
2) 꽃은 난간 앞에서 웃어도 그 울
   음소리를 들을 수 없다

이 노래는 신라시대 최고운 선생과 나정승의 따님이 각각 한 구절씩 지었다는 한시를 인용하여 부른 노래로 이 고장에서 수백년전부터 불리워졌으니 정선아리랑으로서는 애정에 관하여 처음 불리워진 노래이다. 고운 선생이 어렸을 때 나정승의 집에서 잔심부름을 하고 자라던 어느날 후원 별당 앞 연못가의 연꽃잎에다 鳥啼林下 淚難幹이란 글을 지어 써 놓았는데 며칠 후에 나정승의 따님이 이 글을 보고 그 옆에다 花笑軒前 聲未聽이란 댓구를 지어 써 놓음으로써 뒤에 두 분은 부부의 인연을 맺었다는 시라 전한다.

아우라지[1] 뱃사공아 배 좀 건네 주게
싸리골[2] 올동박이 다 떨어진다

떨어지는 동백은 낙엽에나 쌓이지
사시장철 임 그리워서 나는 못 살겠네

1) 두 강이 한데 모이는 지점
2) 여량면 유천의 골이름

　　1900년대 초 여량면 여량리의 한 처녀와 유천리의 한 총각이 서로가 사랑을 속삭이던 어느 가을철에 주위사람들의 눈을 피하여 고요한 산속에서 사랑도 속삭이고 동박도 따기 위하여 싸리골에 갈 것을 약속하고 밤을 지나고 이른 아침에 나룻터에 나와 보니 간밤에 갑작이 내린 폭우로 강물이 불어 나룻배를 건널 수 없게 되었음에 처녀총각은 부득이 강 양편에서 서로가 건너다 보며 불타는 연정을 읊은 것이 이 노래라 하며 일설은 당시 이 강의 뱃사공이던 지장구가 이러한 사연을 눈치채고 그 애닲음을 대신 불러 주었다고 한다.

개구리란 놈이 뛰는 것은 멀리 가자는 뜻이요
이 내몸이 웃는 뜻은 정들자는 뜻일세

올라 오셨소 내려 오셨소 인사를 말고
행주치마를 감쳐 물고서 입만 방긋하게

왜 생겼나 왜 생겼나 네가 왜 생겼나
남의 눈에 꽃이 되도록 네가 왜 생겼나

알록달록 잣모벼겨[1]는 밤마다 비것만
정드신 님에 기나긴 팔을 언제나 비나

삼수삼산에 물각유주(物各有主)로 임자가 있건만
이구십팔 여자 몸으로 왜 임자가 없나

마당 아랫가 댑싸리 삼형제 절대 비지 말아라
올라 갔다가 내려 올적에 임상봉하세

우리 조선이 잘될라고서 나라님이 나시고
못난 여성 잘날라고 화장품이 생겼네

아이고야 어머니 큰일이 났소
조기를 씻는다는게 신짝을 씻었네

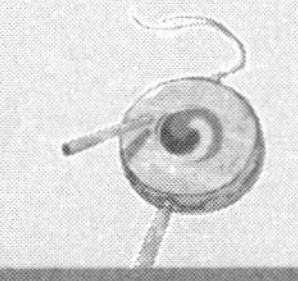

수수쌀을 씻는 줄은 번연히나 알면서
무슨 쌀을 씻느냐고 왜 또 묻나

정든님이 오셨는데 수인사를 못하고
행주치마 입을 물고서 눈으로만 반기네

개구장가의 거무노리[2]는 무슨 죄를 지었나
큰애기 손길에 칼침을 맞네

울 넘어 담 넘어 꼴비는 총각아
꼴춤을 게다놓고 외받아 먹게

뒷집의 숫돌은 좋기도 하다
큰애기 옆 눈질에 낫 날이 홀작 넘었네

곤들래 맨들레 늘어진 골에 당신은
나물 뜯고 나는 꼴비며 단 둘이나 가자

우리야 연애는 솔방울 연앤지
바람만 간시랑불어도 똑떨어 진다

멀구 다래를 딸려거든 청서득[3]으로 들고요
이내 몸을 만날라거든 후원 별당으로 들게

1) 잣 모양으로 수놓은 벼개
2) 나물의 이름
3) 푸른 돌이 많이 쌓여 있는 곳

02. 〔정선아리랑학교〕의 정선아리랑 가사

정선아리랑 가사는 정선아리랑연구소(http://www.arirang.re.kr)의 아리랑자료실
에서도 퍼올 수 있다.(『함께하는 아리랑』(1999, 정선아리랑학교의 교재))

아리랑 아리랑 아라리요
아리랑 고개 고개로 나를 넘겨 주게

간다지 못간다지 얼마나 울었나
송정암 나루터가 한강수 되었오

개구장가에 포름포름에 날 가자구 하더니
온 산천이 어우러져도 날 가자구 안하네

그대 당신을 사모하다가 골수에 든 병
화타 편작이 치료한들 일어날 수 있나

금도 싫고 은도 싫고 문전옥답(門前沃畓) 내 다 싫어
만주벌판 신경(新京) 뜰을 우리 조선(朝鮮)주게

꼬치밭 한 골을 못 매는 저 여자가
이마 눈썹은 여덟 팔(八)자로 잘 가꾸네

꽃 본 나비야 물본 기러기 탐화봉접(探花蜂蝶) 아니냐
나비가 꽃을 보고서 그냥 갈 수 있나

나비 없는 강산에 꽃은 피여 멋하며
당신 없는 요 세상 단장하여 멋하나

날 따라오게 날 따라오게 날만 따라오게
잔솔밭 한중허리로 날 따라오게

내가야 왔다가 간 뒤에 도랑에 물이 뿔거든
내가야 왔다가 간 뒤에 울고 간줄 알아요

네 팔자나 내 팔자나 이불 담요 깔겠나
마틀마틀 장석자리에 깊은 정 들자

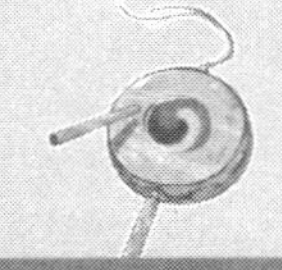

노랑 저고리 진분홍 치마를 받고 싶어 받았나
우리 집 부모님에야 말한 마디에 울며 불며 받았네

노랑두 머리에 파뿌리 상투를
언제나 길러서 내 낭군 삼나

눈물로 사귄 정은 오래도록 가지만
금전으로 사귄 정은 잠시 잠간이라네

눈이 올라나 비가 올라나 억수장마 질라나
만수산(萬壽山) 검은 구름이 막 모여든다

담배불이야 반짝반짝에 님 오시나 했더니
저 몹쓸놈의 반딧불이가 나를 또 속이네

당신은 거기에 있고서 나는야 여기에 있어도
말한 마디 못 전하니 수천리로구나

당신은 나를 알기를 흙싸리 껍질로 알아도
나는야 당신을 알기를 공산명월로 알아요

당신이 날만치만 생각을 한다면
오동지 섯달에도 진달래가 피지요

당신은 왔다가 그저 간 듯 하여도
삼혼칠백(三魂七魄)의 맑은 정신은 뒤따라간다

명사십리(明沙十里)가 아니라면은 해당화(海棠花)는 왜 피며
모춘삼월(暮春三月)이 아니라면은 두견새는 왜 울어

멀구다래를 딸려거든 청서듦으로 들고요
이내 몸을 만날라거든 후원별당으로 들게

무정한 기차야 소리말구 가거라
산란한 이내 마음이 더 산란하구나

물결은 출러덩 뱃머리는 울러덩
그대 당신은 어데로 갈라고 이 배에 올랐나

물한동이를 여다 놓고서 물그림자를 보니는
촌살림 하기는 정말 원통하구나

맨드라미 줄봉숭아는 토담이 붉어 좋고요
앞 남산 철쭉꽃은 강산(江山)이 붉어 좋다

밥 한 냄비를 달달 볶아서 간난이 아버지 드리고
간난이하고 나하고는 저녁 굶어자자

배달의 동포야 굶주리지 말고서
힘대 힘대로 일하여 자수성가 합시다

변북이 산등에 이밥취 곤드래 내 연설을 들어라
총각 낭군을 만날라거든 해 연년이 나거라

봄철인지 갈철인지 나는 몰랐더니
뒷 동산 행화춘절(杏花春節)이 날 알려주네

사발그릇이 깨어지면은 두 세 쪽이 나는데
삼팔선이 깨어지면은 한 덩어리로 뭉친다

살개바우 노랑차조밭 어느 누가 매느냐
비 오고 날 개는 날에 단둘이 매러 갑시다

삼신산(三神山)의 불로초도 풀은 풀이 아니냐
하루밤을 자고 가도 임은 임일세

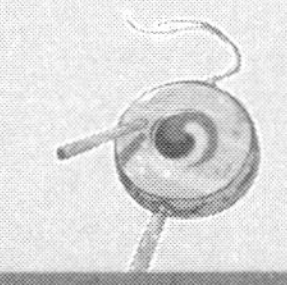

삼십육년간 피지 못하던 무궁화 꽃은
을유년(乙酉年) 팔월십오일 다시 만발하였네

서산에 지는 해는 지고 싶어 지나
정들이고 가시는 님은 가고 싶어 가나

서울에 종로 네거리 솥 때우는 아저씨
우리들의 정 떨어진 것은 왜 못때워주나

석새배 곰방치마를 둘렀을 망정
네까짓 하이칼라는 내 눈 밑으로 돈다
수수밭 삼밭을 다지내 놓고서
빤빤한 잔디밭에서 왜 이렇게 졸라

술으는 술술술 잘도 넘어 가는데
찬물에 냉수는 중치에 미인다

시누야 올캐야 말내지 말게
삼밭 속의 보금자리는 내가 쳐 놓았네

시어머니 산소를 까투리 봉에다 썼더니
아들딸 낳는 쪽쪽 콩밭골로 가네

시어머니 산소를 깨구리 봉에다 썼더니
옆구리만 찔러도 해딱 자빠지네

시집간지 삼일만에 부뚜막 장단을 쳤더니
시어머니 눈은 까재미 눈이 된다네

시집온지 사흘만에 바가지 장단을 쳤더니
시아버지가 나오시더니 엉덩이 춤만 추네

신발 벗고 못가실 데는 참밤나무 밑이요
금전 없이 못갈 때는 술집 문전이라

싫으면 말어라 너만이 남자더냐
산 넘구 물 건너면 또 남자 있겠지

싫으면 말어라 너만이 여자더냐
산 넘구 물 건너면 또 여자 있겠지

아우라지 강물이 소주 약주 같다면
오고 가는 친구가 모두 내 친굴세

아우라지 뱃사공아 배좀 건너 주게
싸리골 올동박이 다 떨어진다

떨어진 동박은 낙엽에나 쌓이지
사시장철 님 그리워서 나는 못살겠네

아질아질 성마령(星摩嶺) 야속하다 관음베루
지옥같은 정선읍내 십년간들 어이가리

앞 남산 살구 꽃은 필락말락 하는데
우리 둘이 정이야 들락말락 하네

앞 남산 실안개는 산허리를 돌구요
우리 님 양팔은 내 허리를 감네

앞남산에 황국단풍은 구시월에나 들구요
이내 몸에 속단풍은 시시때때로 든다

앞 남산의 호랑나비는 왕거미줄이 원수요
시방시체 청년들은 삼팔선(三八線)이 원수라

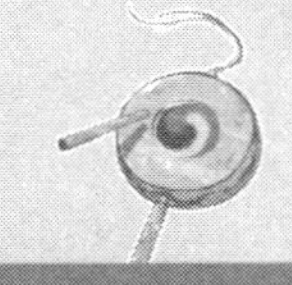

영감아 홍감아 집잘보고 있거라
잠자리 팔아서 엿사다 줌세

오늘 갈는지 내일 갈는지 정수정망(定數定望)이 없는데
맨드라미 줄봉숭아는 왜 심어났나

오늘 갔다가 내일 온다면 나는 안따라가지만
오늘 갔다가 모레 온다면 나는 따라가요

오라버니 장가는 명년에나 가시고
검둥 송아지 툭툭 팔아서 날 시집 보내주

우리 님 말씨는 얼마나 고운지
뒷동산 물푸레 회초리 착착 휘네

우리 어머니 나를 길러서 한양 서울 준댔죠
한양 서울 못 줄 망정 골라골라 주세요

원앙금침에 잣비개는 저녁마다 비련만
대장부 긴긴 팔은 언제나 비나

월미봉(月尾峯) 살구나무도 고목이 덜컥 된다면
오던새 그나비도 되돌아 간다

유전자(有錢者) 무전자(無錢者) 사람 괄세 말어라
인간세계 부귀영화는 돌고도 돈다

육칠월 감자 싹으는 삼재팔난(三災八難)을 적는데
대한 청년 남아는 만고풍상을 다 겪네

이밥에 고기 반찬은 맛을 몰라 못먹나
사철치기 강낭밥도 마음만 편하면 되잖소

이삼사월 긴긴 해는 점심 굶어 살아도
동지섣달 긴긴 밤이야 임 그리워 못 살겠네

저건너 저 묵밭은 작년에도 묵더니
올해도 날과 같이 또 한해 묵네

정선같이 살기 좋은 곳 놀러 한 번 오세요
검은 산 물 밑 이라도 해당화가 핍니다

정선 사십리 발구력 십리에 삼산(蔘山) 한치인데
의병난리가 났을때도 피난지로다

정선앞 한강수(漢江水)는 소리없이 흐르고
옛 조상 옛 시(詩)는 변함이 없다

정선의 구명(舊名)은 무릉도원(武陵桃源) 아니냐
무릉도원 어데가고서 산(山)만 충충하네

정선읍내 물레방아는 물살을 안고 도는데
우리집에 서방님은 날 안고 돌줄 왜 몰라

정선읍내야 백모래 자락에 비오나 마나
어린 가장 품안에 잠자나 마나

정선읍내 일백오십호 몽땅 잠드려 놓고
임호장네 맏며느리 데리고 성마령을 넘자

창밖에 오는 비는 구성지게 오잔나
비 끝에 돕는 달은 유정(有情)도나 하구나

천기운기(天氣運氣)로 눈 비 올라면 땅이 누기가 있드시
눈도 비도 다 오는데 당신은 왜 못오시나

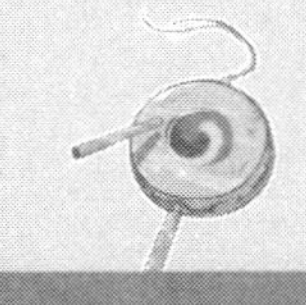

하루밤 맺은 정을 끊지 못해서 우느냐
능나도 수풀 속에서 봄비가 온다

한치 뒷산에 곤드레 딱주기 님의 맛만 같다면
올같은 흉년에도 봄살아 나지요

허공중천에 뜬 달은 임 계신 곳을 알건만
나는야 어이해서 임 계신 곳을 모르나

황새여울 된꼬까리 때 무사히 지냈으니
만지산(滿池山) 전산옥(全山玉)이야 술판 차려놓아라

▶ 엮음 아라리

※ 굵은 글씨로 쓰여진 곳에 와서는 긴 아라리 가락으로 부른다.

아리랑 아리랑 아라리요
아리랑 고개 고개로 나를 넘겨 주게

네칠자나 내팔자나 네모반듯 왕골방에
샛별같은 놋요강을 발치만치 던져놓고
원앙금침 잣벼개에 앵두같은 젖을빨며 잠자보기는
오초강산에 일글렀으니
엉틀멍틀 장석자리에 깊은 정만 두자

네칠자나 내팔자나 한번여차 죽어지면
겉매끼 일곱매끼 속매끼 일곱매끼 이칠에십사 열네매끼
참나무 댓가래 전나무 연춧대 스물두 상두꾼에
너호넘차 발맞추어 시방시체 개명말로
공동묘지 석자석치 홍대칠성 깔고덮고

척 늘어지면은
어느 동기 어느 친지가 날 찾아 오나

당신이 날마다고 울치고 담치고
열무김치 소금치 오이김치 초치고
칼로 물치듯이 뚝떠나가더니
평창 팔십리 다 못가고서 왜 또 돌아왔나

산진매 수진매야 휘휘 칭칭 보라매야
절끈 밑에 풍경달고 풍경 밑에 방울달아
앞남산에 불까토리 한 마리를 툭 차가지고
저 공중에 높이 떠서
빙글뱅글 도는데
우리집 저 멍텅구리는 날 안고 돌줄 왜 몰라

숙암(숙암) 단임 봉두군(봉두군)이
세모재비 메밀쌀 사절치기 강낭콩
주먹같은 통로구에
오글박작 끓는데
시어머니 잔소리는 부시돌 치듯하네

앞으로 보니 옥이백이 뒤로보니 반꼬두머리
번들번들 숫돌이며 박죽 잘글 툭툭 차던 우리 시어머니여
공동묘지 오시라고 호출장이 왔네

영감은 할멈치고 할멈은 아치고 아는 개치고
개는 꼬리치고 꼬리는 마당치고 마당가역에 수양버들은
바람을 휘몰아 치는데
우리집에 저 멍텅구리는 낮잠만 자네

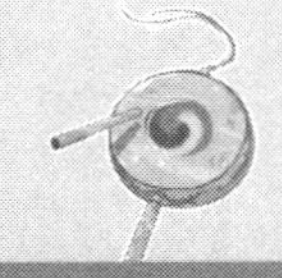

우리집에 서방님은 잘났던지 못났던지
얽어매고 찍어매고 장치다리 곰배팔이
노가지나무 지게위에 엎전석냥 걸머지고
강릉 삼척에 소금 사러 가셨는데
백복령 굽이굽이 부디 잘다녀 오세요

우리집의 서방님은 잘났던지 못났던지
씨구씨구 모재씨구 깍구깍구 머리깍구
밑맨미투리 딱거머신구 메물볶음떡 세반제기
한짐 잔뜩 걸머지구 웃짐지구 덧짐지구
대화방임 원주대벌루
삼촌에 도부갔는데
백복령 구비구비 부디 잘 다녀오세요

우리집 시어머니 날 삼베 질삼 못 한다고
앞 남산 관솔괭에 놓고서
날만 꽝꽝치더니
한오백년 못 살고서 북망산천 가셨네

동네 어른들 들어보세요
우리집에 시어머니 뒤로보면 왕대골 앞으로보면 숫돌님
구리눈에 옥니배기 주걱턱에 자래목에 곱세등에 배불때기
수중다리 밥자루지고야
날만 때리더니
강림도령 모셔 가더니 여태 소식이 없어요

03. 진용선의 정선아리랑 가사와 내용

진용선은 사랑의 다양한 표출, 유희와 풍류가 뛰어난 소리, 소리로 달랜 시집살이의 설움, 덧없는 세월을 한탄함, 가난한 삶의 애환과 극복, 나라사랑과 통일을 노래로 분류하였고, 덧붙여 정선아리랑이 확산된 것도 분류하고 있다.(진용선,『정선아리랑』(집문당, 2004년) 91쪽부터 166쪽까지 필자가 발췌)

가. 사랑의 다양한 표출

앞산의 살구꽃은 필락말락 하는데
우리들의 정은야 들락말락 하누나

동산에 진달래가 필들말 듯
우리의 사랑은 필듯말 듯

꽃본나비 물본 기러기 탐화봉접인데
임자가 날 보구서 그냥 갈소냐

고추밭 매는 줄 번연히 알면서
무슨밭 매느냐 왜 또 묻나

아우라지 뱃사공아 배 좀 건네주게
싸리골 올동박이 다 떨어진다

떨어진 동박은 낙엽에나 쌓이지
잠시잠깐 님그리워 나는 못살겠네

수수밭 삼밭을 다 지내놓고서
빤빤한 잔디밭에서 왜 이렇게 졸라

날 따라오게 날 따라오게 날 따라오게

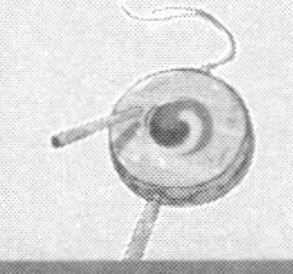

잔솔밭 중허리로 날 따라오게

처녀 총각이 삼밭에 드니
깔깔이 살렁이 굿거리장단을 치네

정선읍내야 백모래 자락에 비오나 마나
어린가장 품안에 잠자나 마나

정선읍내 물레방아는 물살을 안고 도는데
우리집에 저 멍텅구리는 낮잠만 자네

앞산에 딱따구리는 생나무 구녕도 뚫는데
우리집에 저 멍텅구리는 뚫어진 구녕도 못 뚫네

정선읍내 일백오십호 몽땅 잠드려놓고서
임호장네 맏며느리 데리고 성마령을 넘자

잘사는 시집사리를 못살게 해놓고
뒷감당 못할 그대가 왜 날 가자고 하나

울타리 밑에다 성황당을 놓고
본가장 죽으라고 백일기도 드리네

담뱃불이 반짝반짝 님 오시는가 했더니
저 몹쓸놀의 반딧불이 날 또 속이네

우리집에 서방님은 잘났던지 못났던지
얽어매고 찍어매고 장치다리 곰배팔이
노가지나무 지게위에 옆전석냥 걸머지고
강릉삼척에 소금 사러 가셨는데
백복령 굽이굽이 부디 잘다녀 오세요

나. 유희와 풍류가 뛰어난 소리

놉시다 노잔다 젊고 젊어 놉시다
나이많고 병이들면은 못노리로다

우리가 살면은 한오백년을 사나
서러 생전에 술담배 먹구 놀다가 죽자

인생이 일장춘몽인데
아니놀고서 무엇하나

지불명령에 강제집행은 다달이 맞드래도
술상머리 씨는 금전을 아끼지 맙시다

사극다리를 똑똑 꺽어서 군불을 때고서
중방밑이 노릇노릇토록 놀다가 가세

노다가 주거져도 지아니 원통타는데
사시장철 일하다 죽으니 얼마나 원통한가

때리고 부수고 놀기좋기는 술상머리가 좋고요
안고지고 놀기좋기는 큰애기 방이로다

술으는 술이술술 잘도넘어가는데
찬물에 냉수는 중치에 미인다

황새여울 된꼬가리 떼를 지어 놓았네
만지산 전산옥이야 술판차려 놓게

제남문 제적은 앞사공이 하고요
아가씨 중등 제작은 거 누가 하나

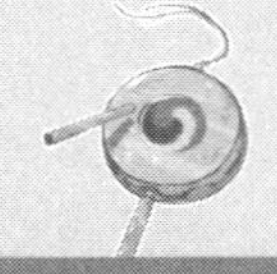

일년 열두달 품팔이 하여서
고 몹쓸 화류계 여자에 다 주고 말았네

돈쓰던 남아가 돈떨어지니
구시월 막바지에 서리맞은 국화라

금수강산이 그렇게두야 살기가 좋다더니
돈씨다가 뚝 떨어지니는 비렁뱅이로구나

눈물로 사귄 정은 오래도록 가지만
금전으로 사귄 정은 잠시잠깐이라네

금전을 주어도 세월을 못사나니
알뜰한 세월을 허송치 맙시다

먹고살 재산없다고 탄식을 말고서
힘대힘대로 일하여 오붓하게 삽시다

꼴빌 총각은 꼴비러 가고
저녁 할 여자는 저녁하러 가소

석새베 도랑치마를 입었을망정
낫자루 호미자루를 만년필로 쓰자

아우라지 강물이 소주약주 같다면
오고 가는 친구가 모두 내 친굴세

다. 소리로 달랜 시집살이의 설움

시집간지 삼일만에 부뚜막장단을 쳤더니
시어미 눈은 까재미눈이 된다네

호랑계모 어린신랑 날 가락고 하네
삼베질쌈 못한다고 날 가라고 하네

숙암단임 봉두군이
세모재비 메밀쌀 사절치기 강낭밥
주먹같은 통로구에 오글박작 끓는데
시어머니 잔소리는 부싯돌 치듯 하네

시어머니 자노리는 설비상 같고
우리님 잔소리는 꿀맛 같네

시집온지 사흘만에 바가지장단을 쳤더니
시아버지 나오시더니 엉덩이춤만 추네

아리아리랑 아리아리랑 아라라가 났구요
시어머니 마빡엔 소박장단이 났어요

아이고야 어머니 큰일이 났소
조기를 씻는다는게 신짝을 씻었네

우리집 시어머니 염치도 좋다
저 잘난걸 나놓고 날 데려왔나

시에미 잡년아 잘난체 말아라
아들놈이 못나서 밤마실 돈다

우리댁의 시어머니는 정말 꿈주머니
잠자는척 하면서 생코만 곤다네

우리집 시어머니는 왜이렇게 약빨러
울타리밑의 개구영을 다틀어 막었네

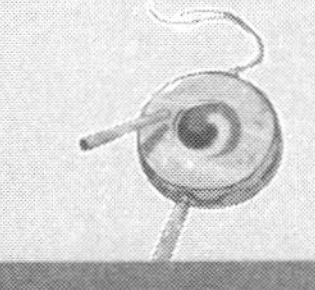

시에미 잡년아 잠이나 깊이 들어라
아리랑 보따리 쓰리랑 따라서 난질을 가잔다

앞으로 보니 옥이배기 뒤로 보니 반꼬두머리
번들번들 숫돌이마 박죽 잘글 툭툭 차던 우리 시어머니여
공동묘지 오시라고 호출장이 왔네

동네 어른들 들어 보세요
우리 시어머니 뒤로 보면 왕대골 앞으로 보면 숫돌님
고리눈은 전등팔옥이배기 주개택 자래목 등곱새
배불래가 수중다리 밥자루 쥐고야 날 때리더니
강림도령 모셔 가더니 지금도 소식이 없어요

시어머니 죽어지니 안방이 넓어 좋더니
보리방아 물춰보니 시어머니 생각이 나네

시아버지 죽으니 사랑넓어 좋더니
자리날 터지니 시아버지 생각이 나네

라. 덧없는 세월을 한탄함

산천에 초목은 나날이 젊어가는데
이팔청춘에 이내 몸들은 왜 늙어가나

세월 네월아 갈철 봄철아 오고가질 말어라
알뜰한 이내 청춘이 다 늙어를 간다

세월이 가기는 장여수 같고요
우리 인상은 늙어지기가 바람결겉네

백발이 오지야말라고 가시야성을 쌓더니

고몹씰 호호백발이 앞을 질러 왔구나

한 손에 가시를 들고 또 한 손에 막대 들고
늙는 길 가시로 막고 오는 백발 막대로 치려 하였더니
백발이 제 먼저 알고 지름길로 오더라

백두환산에 신불노하니
몸은 늙을 망정 맘은 아니 늙네

이팔청춘 소년들아 백발보고 웃지마라
백발이 되기가 잠간이로구나

태산이 높고 높아도 소나무 밑이요
여자 일색이 아무리 잘나도 삼십미만이로다

호박이 늙으면 단맛이나 나지
사람은 늙어만진다면 단맛도 없네

짐승의 괴물은 고슴도치 아닌가
사람의 괴물은 늙은 영감일세

고추밭으는 늙어갈수록 이쁘기만 한데
우리네 인생은 늙을수록 추리하기만 하네

청춘도 늙기 쉽고 늙으면 죽기도 쉬운데
호호백발 되기 전에 부지런히 일하세

백년을 살아야 삼반육천 날인데
그동안 사느라고서 고생고생 하느냐

인생이 일창춘몽인데
아니놀고서 무엇하나

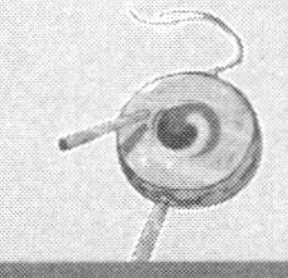

마. 가난한 삶의 애환과 극복

한치뒷산에 곤드레 딱주기 남의 맛만 같다면
올같은 흉년에도 봄살아 나지요

곤두래 만두래 쓰러진 골로
우리집 삼동세 봄나물 가세

밥달라고 야단치며 내가 울고 울어도
꿰진자루 옆에낀 엄마 한숨만 푹푹 쉐내

춘추가 많아서 이내 몸이 늙었나
곤궁한 살림살이에 모발이 다 세었네

정선이 좋다하여도 딸 주지는 말아라
강낭밥 사절치기에 어금니 다 빠졌구나

영월 청천에 딸 주지 마세요
담배 순 치느라고 생골머리 앓네

이밥에 고기반찬은 맛을 몰라 못먹나
사절치기 강냉밥도 마음만 편하면 되잖소

밥 한 남비를 달달복아서 간난이아버지 드리고
간난이하고 나하고는 저녁굶어 자자

바. 나라사랑과 통일을 노래

정선 사십리 발구럭 십리에 삼산 한치인데
의병난리가 났을 때에도 피난지로다

석서베 곤방치마를 둘렀을망정
네까짓 하이칼라 내눈 밑으로 돈다

주사나리 대가린 미칠미칠 하고요
순사나리 궁둥이엔 개가 왕왕 짓는다

산차지 땅차지는 왜놈 차지요
일차지 고생차지는 우리 조선 동포라

동지섣달 문풍지는 닐니리만 부는데
정선읍내 병사 가가리는 청년들만 찾네

삼십육 년간 피지 못하던 무궁화 꽃은
을유년 팔월 십오일에 만발하였네

조선에 조선은 어데를 가고
북조선 남조선에 가슴만 저민다

앞남산의 호랑나비는 왕거미줄이 원수요
시방시체 청년들은 삼팔선이 원수다

공동묘지 쇠스랑귀신아 무얼먹고 사느냐
이북에 김일성이는 왜 안잡아 가나

백이산 붉은벼리야 니 뭘먹고 사나
이북의 김일성이를 톡찍어가거라

울타리 밑에다 칠성단을 놓고
하루빨리 남북통일을 빌어나 보자

사발그릇이 깨어지며는 두세쪽이 나는데
삼팔선이 깨어지면 한덩어리로 뭉친다

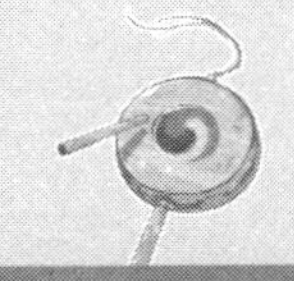

한편, 진용선은 위 분류표에 더해서 정선아리랑이 어떻게 확산되었는지를 분류하고 있다.

가. 뗏목 타고 아리랑 아라리요

우리집의 서방님은 떼를 타고 가셨는데
황새여울 된꼬가리 무사히 다녀가셨나

황새여울 된꼬까리에 떼를 지어 놓았네
만지산 전산옥(前山玉)이야 술상 차려 놓게

황새여울 된꼬까리 떼 무사히 지냈으니
영월 덕포 공지갈보 술판을 닦아 놓게

오늘갈지 내일 갈지 뜬구름만 흘러도
팔당주막 들병장수야 술판 별여 놓아라

지작년 봄철에 되돌아 왔는지
뗏사공 아제들이 또 니려 오네

놀다가세요 자다가세요
그믐 초성달이 뜨도록 놀다가 가세요

제남문 제적은 앞사공이 하고요
아가씨 중등 제적은 거 누가 하는가

갈보야 질보야 몸걸레질 말어라
돈없는 백수야 건달이 애가 말러 죽는다

산에 올라 옥을 캐니 이름이 좋아 산옥이냐
술상머리에서 부르기 좋아서 산옥이로구나

산옥이의 팔은야 객주집의 벼개요
붉은에 입술은야 놀이터의 술잔일세

기역에 니은 디귿은 국문(國文)의 토바침이요
술집갈보 열 손가락은 술잔 바침일세

술은야 안먹자고 맹세를 했더니
술잔보고 주모보니는 또 한 잔 먹네

못먹는 막걸리 한 잔을 내가 마셨더니만
아니나던 색시 생각만 저절로 난다

천질에 만질에 떼품을 팔아서
술집 갈보 치마 밑으로 다들어가구 말았네

돈쓰던 남아가 돈 떨어지니
구시월 막바지에 서리맞은 국화라

술 잘 먹구 돈 잘 쓸 때는 금수강산 일러니
술 안 먹구 돈 떨어지니 적막강산일세

금수강산이 그렇게 두야 살기나 좋다더니
돈씨다가 똑떨어지니는 적막강산일세

국화꽃 매화꽃은 몽중에도 피잔나
사람의 신세가 요렇게되기는 천만 의외로다

나. 우리나라 곳곳의 정선아리랑

1) 강원도 땅의 정선아리랑

아리랑 고개는 열두고개라는데

넘어가고 넘어올직엔 눈물이 난다

강원도 태백시 동점동 1통 2반은
올해도 전과같이 막걸리 풍년이 드네

아리랑 아리랑 아라리요
아리랑 열두랑고개로 나를 넹겨주게

아질아질 성마령 야속하다 관음베루
지옥같은 정선읍내 십년간들 어이하리

정선읍내 일백오십호 몽땅 잠들여놓고
꽁지갈보 옆에끼고서 성마령을 넘세

한치뒷산에 곤드레딱주기 임이야맛만 같다면
고것만 뜯어나 먹어도 봄잘살어 나지

우리가 살민은 몇천년을 산다고
이 노릇을 아니하면은 못먹구 사나

강냉이밥 사절치기는 오글에 박작 끓는데
임자당신은 어디로갈라고 신발단속 하서요

2) 횡성어러리

어러리 어러리 어러리요
어러리 고개 고개로 나를 넘겨주게

어리어리랑 스리스리랑 어러리가 났네
얼었다가 녹아나지는 봄철이로구나

3) 남한강 물길 따라 확산

눈이 올래나 비가 올래나 억수장마 질래나
만수산 꺼믄 구룸이 막 몰려 든다

제작년 봄철에도 되돌아 왔는지
뗏사공 아제들이 연실 내려 오네

오늘 갈른지 내일 갈른지 정수정맹이 없는데
맨드라미 줄봉숭아는 왜 숨어 났나

남우집 낭군은 사향내가 팔팔 나는데
우리집 멍테이 낭군는 땀내만 나네

4) 띠뱃노래 – 정선아리랑은 단양민요에 영향을 줌

올라왔소 소금배가 도담삼봉 양반들아
금년에도 철석철석 소금배가 도착했네

기다리던 양반손님 어서나와 반기시오
강물따라 머나먼길 돛대달고 올라왔소
어서어서 불어주게 동남풍아 불어주게
여월영춘 올라가네 도담삼봉 못가겠네
수리술렁 내려올제 다시한번 올라가세

5) 문경새재를 넘은 소리

문경아리랑

문경새재 물박달나무
홍두깨 방망이로 다나간다

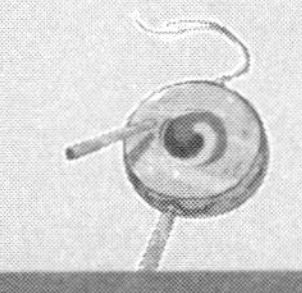

아이랑 아이랑 아라리오
아이랑 고개로 넘어간다

홍두깨 방망이는 팔자 좋아
큰애기 손끝에 놀아난다

문경새재 넘어갈제
구비야 구비야 눈물이 난다

문경은 새재야 참싸리 낭구
꼬깜아 꼬지로 다나가네

문경은 새재야 뿌억 싸리는
북어야 고지로 다나가네

아리랑 아리랑 아라리요
아리랑 고개로 날 넘겨주소

고대광실 높은 집도 나는야 싫어
올통볼통 멍석자리 얕은정 주세

아리랑 아리랑 아라리요
아리랑 고개로 날 넘겨주소

구미아리랑
아리아리 아리아리 아라리요
아리아리랑 고개서 놀다가세

산천에 초목은 젊어지고
우리야 인생은 늙어간다

산중 귀물은 머루대래
인간에 귀물은 갈보라네

논밭전지 쓸만한건 신작로 되고
인물깨나 잘난년은 갈보된다

아주까리 동백아 열지마라
되지못한 촌갈보 몸꼴낸다
울넘어 담넘어 꼴비는 총각
눈치나 있거든 떡받아라

떡을랑 받아서 팔매를 치고
두손목 잡고서 발발떤다

남의집 하이칼라 자동차 타고
우리집 저문둥이 콩밭골가네

6) 동해안 별신굿판의 정선아리랑

아리랑 덩더쿵 씨발이 잡년아 돈돈만 아지
생사람 내 죽은줄 니 모르나
아리랑 당다쿵 시리렁 덩더쿵 아라리가 났네
아리랑 고개로 날 넘겨 주소

어머님요 어버님여 내 보지 보소
아들새끼 날 나고 내 구리새미 났네요

아랑 아랑 아랑 아랑 아라리가 벗연
아리랑 죽도록 안구지고 노자
정선읍내야 물레방아는 사시장철 물을 안구
빙글빙글 싱글싱글 잘도 돌건마는
우리집 서방님은 어디를 가시구 날 안구 돌줄 모르나
아리랑 당다쿵작 시리랑 홍따닥따 아라리가 벗연

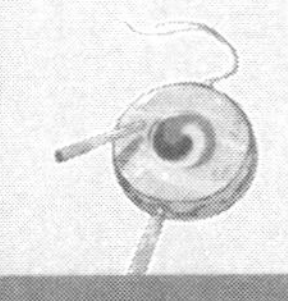

아리랑 죽도록 안구지구 노자
남의 집 서방님은 통양갓을 씨는데
우리집에 저 멍텅구리는 떡치는 체반을 씻는다
남의 집 서방님은 나가오리를 시는데
우리집이 저 도덕놈 질요강 뒤깨를 씬다
남으집 서방님은 군대칼을 차는데
우리집에 저 멍텅구리는 정지 식도를 찬다
남으집 서방님으는 하이야 택시 지뿌타는데
오드바이 싸이클 까정 다 타는데
우리집에 저 멍텅구리는 똥구르마만 탄다
니아까로 탄다 콩밭골로 탄다